全国高职高专教育"十二五"规划教材

ERP 沙盘模拟实训

主　编　冯之坦
副主编　杨　丽　张姝梅

东南大学出版社
·南京·

内 容 简 介

本书从 ERP 沙盘模拟企业经营实践教学的需求出发,坚持科学性、应用性与先进性的统一,坚持理论与实践相结合,强调理论知识的实际应用。本书采用任务教学法,根据具体教学过程对内容进行分解,共包括七个项目,具体如下:认识 ERP 沙盘模拟实训;公司成立;认知 ERP 沙盘模拟实训经营规则;企业战略规划的制定;营销计划的制定;企业生产与采购计划的制定;企业财务管理。

本书可作为高职高专院校 ERP 沙盘模拟课程的教材,也可作各类社会培训的辅导资料和比赛参考用书。

图书在版编目(CIP)数据

ERP 沙盘模拟实训/冯之坦主编. —南京:东南大学出版社,2013.7
 ISBN 978-7-5641-4344-2

Ⅰ. ①E… Ⅱ. ①冯… Ⅲ. ①企业管理—计算机管理系统—高等职业教育—教材 Ⅳ. ①F270.7

中国版本图书馆 CIP 数据核字(2013)第 139022 号

ERP 沙盘模拟实训

出版发行:	东南大学出版社
社　　址:	南京市四牌楼 2 号　邮编:210096
出 版 人:	江建中
网　　址:	http://www.seupress.com
经　　销:	全国各地新华书店
印　　刷:	南京海兴印务有限公司
开　　本:	787mm×1092mm　1/16
印　　张:	12.5
字　　数:	289 千字
版　　次:	2013 年 8 月第 1 版
印　　次:	2013 年 8 月第 1 次印刷
印　　数:	1—3000 册
书　　号:	ISBN 978-7-5641-4344-2
定　　价:	23.00 元

本社图书若有印装质量问题,请直接与营销部联系。电话(传真):025-83791830

前言

ERP沙盘模拟实训作为经济管理类专业的综合类实训课程,是培养专业学生学会运用所学的基础理论知识和专业知识,训练学生的基本能力和专业技能,提高学生综合素质的重要实践课程。该课程通过模仿真实的企业,将企业结构和管理的操作全部展示在沙盘上,其基本思想是围绕市场竞争和市场预测的需求建立企业内、外部各种资源计划,实质是如何在资源有限的情况下,合理组织生产,力求做到利润最大,成本最低。内容涉及整体战略、产品研发、设备投资改造、生产能力规划、物料需求计划、资金需求规划、市场与销售、财务经济指标分析、团队沟通与建设、职业素养、操作能力以及企业运作过程等多个方面。

本书从ERP沙盘模拟企业经营实践教学的需求出发,坚持科学性、应用性与先进性的统一,坚持理论与实践相结合,强调理论知识的实际应用。本书的编者具有多年从事ERP沙盘模拟教学经验以及参与各类ERP沙盘竞赛的经历,兼具很强的理论水平与丰富的实践经验。

本书采用任务教学法,根据具体教学过程对内容进行分解,共包括七个实训项目,具体如下:认识ERP沙盘模拟实训;公司成立;认知ERP沙盘模拟实训经营规则;企业战略规划的制定;营销计划的制定;企业生产与采购计划的制定;企业财务管理。本书简洁、精炼、好读、易记,便于理解;准确阐明ERP沙盘模拟企业经营的理念和规则,务求经营操作体系全面、完整、准确;及时更新相关内容,使本书实用、系统,利于学生循序渐进地学习,具有很强的实用性。

本书由九州职业技术学院冯之坦担任主编,杨丽以及具有多年工作经验的MBA学员张姝梅担任副主编。本书主编从事沙盘教学有5年以上的时间,在5年多的教学实践中积累了比较丰富的教学经验。为了更好地满足实训课程的需要,编者结合指导学生训练的实际情况,并参考了大量的相关教材和著作,针对经管类高职高专学生的特点编写了本书。在此,向所有书中所引用文献的著作者,向给予我们指导和帮助的专家学者表示诚挚的谢意。

由于编者水平有限,书中难免会存在一些缺陷和疏漏,恳请专家、读者批评指正,提出宝贵意见。

编　者

2013年5月

实训项目一 认识 ERP 沙盘模拟实训 ······················· 1
   实训任务 利用现代化生产手段解决企业生产管理问题 ················ 2
      一、ERP 沙盘模拟实训课程简介 ······················· 2
      二、供应链管理概述 ···························· 4
      三、准时化生产方式(JIT) ························· 6
      四、企业资源计划(ERP) ·························· 7

实训项目二 公司成立 ··································· 13
   实训任务 1 完成公司起名、注册资本金以及经营范围相关工作 ············ 14
      一、《公司法》概述 ···························· 14
      二、企业名称登记管理实施办法 ····················· 15
      三、公司注册经营范围参考(部分) ··················· 22
   实训任务 2 完成公司注册工作 ······················· 25
      一、公司注册流程及时间(供参考) ··················· 25
      二、公司注册相关费用 ························· 28
   实训任务 3 团队组建 ···························· 29
      一、组织设计 ······························ 29
      二、团队 ································· 32
      三、组织文化 ······························ 33
      四、集权与分权 ····························· 36
      五、岗位职责 ······························ 38

实训项目三 认知 ERP 沙盘模拟实训经营规则 ······················· 44
   实训任务 1 熟悉 ERP 沙盘模拟实训重要规则 ················· 45
      一、组织准备工作 ··························· 46
      二、企业运营流程及初始状态 ······················ 46
      三、市场开发 ······························ 47
      四、产品研发和生产 ·························· 47
      五、ISO 认证 ······························ 48
      六、厂房和生产线 ··························· 48
      七、企业融资 ······························ 50
      八、市场订单 ······························ 51
      九、其他事项 ······························ 52
      十、评比 ································· 53

实训任务 2　掌握 ERP 沙盘模拟实训运行流程 ……………………………………… 54
　　一、企业运营流程 ………………………………………………………………… 54
　　二、操作任务汇总表 ……………………………………………………………… 62
　　三、学生端登录系统 ……………………………………………………………… 64

实训项目四　企业战略规划的制定

实训任务 1　公司目标和使命的制定 ………………………………………………… 66
　　一、计划 …………………………………………………………………………… 66
　　二、宗旨 …………………………………………………………………………… 67

实训任务 2　完成 SWOT 分析 ………………………………………………………… 71
　　一、SWOT 分析法简介 …………………………………………………………… 71
　　二、SWOT 分析步骤 ……………………………………………………………… 72

实训任务 3　构造波士顿矩阵 ………………………………………………………… 73
　　一、波士顿矩阵简介 ……………………………………………………………… 74
　　二、波士顿矩阵步骤及分析 ……………………………………………………… 76
　　三、ERP 沙盘模拟实训中四种产品简单分析 …………………………………… 78

实训任务 4　制定企业战略规划 ……………………………………………………… 78
　　一、战略和企业战略 ……………………………………………………………… 79
　　二、企业核心能力/核心竞争力培育 ……………………………………………… 80
　　三、企业总体战略概述 …………………………………………………………… 82
　　四、年初经营战略规划思考的逻辑框架图 ……………………………………… 87

实训项目五　营销计划的制定

实训任务 1　为公司制定一份市场分析报告 ………………………………………… 89
　　一、相关概念 ……………………………………………………………………… 89
　　二、市场细分 ……………………………………………………………………… 91
　　三、目标市场的选择 ……………………………………………………………… 92
　　四、目标市场定位 ………………………………………………………………… 95
　　五、市场分析 ……………………………………………………………………… 98

实训任务 2　制定企业广告投入策略 ………………………………………………… 102
　　一、国内企业广告投放的现状 …………………………………………………… 102
　　二、广告投放策略制定的程序 …………………………………………………… 103
　　三、影响广告投放策略制定的因素分析 ………………………………………… 106
　　四、应用 ERP 沙盘模拟分析广告投放效益的趋势 ……………………………… 107

实训项目六　企业生产与采购计划的制定

实训任务 1　制定企业的生产计划 …………………………………………………… 113
　　一、生产与运作管理概述 ………………………………………………………… 113
　　二、新产品开发 …………………………………………………………………… 115
　　三、新产品开发策略 ……………………………………………………………… 117
　　四、生产能力计算 ………………………………………………………………… 119

实训任务 2　制定企业的采购计划 …………………………………………………… 121

一、ERP 中的核心技术之——BOM（物料清单）的相关内容 ········· 121
　　二、采购计划的制定 ········· 123

实训项目七　企业财务管理 ········· 128
　实训任务 1　制定企业的财务预算 ········· 129
　　一、财务管理概述 ········· 129
　　二、融资与现金流控制的思考 ········· 131
　　三、财务预算 ········· 133
　　四、盈亏平衡分析 ········· 134
　实训任务 2　基于 Excel 财务报表的编制 ········· 136
　　一、会计凭证的制作 ········· 136
　　二、会计报表的编制 ········· 145
　实训任务 3　企业综合评价 ········· 158
　　一、企业经营效率分析 ········· 158
　　二、成本分析 ········· 159
　　三、财务分析 ········· 159
　　四、杜邦分析 ········· 161

附录：企业经营过程记录表　计划·分析 ········· 166
　创业者电子沙盘模拟企业经营——第 1 年 ········· 169
　创业者电子沙盘模拟企业经营——第 2 年 ········· 173
　创业者电子沙盘模拟企业经营——第 3 年 ········· 177
　创业者电子沙盘模拟企业经营——第 4 年 ········· 181
　创业者电子沙盘模拟企业经营——第 5 年 ········· 185
　创业者电子沙盘模拟企业经营——第 6 年 ········· 189
参考文献 ········· 190

实训项目一　认识 ERP 沙盘模拟实训

学习内容

（1）ERP 沙盘模拟实训课程特点；
（2）企业资源计划（ERP）的主要内容；
（3）供应链管理的主要内容；
（4）准时化生产方式（JIT）的主要内容。

学习目标

1. 知识目标

（1）认识 ERP 沙盘模拟实训课程特点；
（2）掌握企业资源计划（ERP）的主要内容；
（3）掌握基于供应链管理的主要内容；
（4）掌握准时化生产方式（JIT）的主要内容。

2. 能力目标

能够在模拟实训中理解并运用准时化生产方式（JIT）、企业资源计划（ERP）和供应链管理基本思想，培养正确的企业经营理念。

任务背景

重庆川仪十一厂面临的生产问题

重庆川仪十一厂有限公司原名四川仪表十一厂，是西南地区最大的工业自动化仪表——调节阀的专业生产厂家，全国排名第三，具有近四十年的调节阀生产历史。产品广泛应用于石油、化工、冶金、电站、造纸等行业的自动化控制系统中。公司的 CV3000 调节阀和 HVP 智能阀门定位器等引进产品推向市场以来，由于产品技术含量高、质量好、服务周到，深受顾客的青睐。目前，川仪十一厂已成为中国最大的仪器仪表生产基地——中国四联集团的骨干企业。长期以来向中石油、化工、化肥、冶金、轻工、电站等行业的多项工程系统提供了大量产品。

问题与困惑：川仪十一厂的产品是按照客户定制的生产方式生产的，很长时间以来，公司业务活动主要凭借个人的经验和计议方式来处理,造成内部信息沟通不畅,信息传递时间过长,使得企业对市场变化反应迟缓而且不准确。主要表现在:

一、生产环节

(1) 生产计划定制的难度加大。随着生产的发展,特殊定制的产品大量增加,原有的生产计划软件无法生成定制产品的零件生产计划。

(2) 计划员靠人力分解作业计划时,很难对产品的交货期、零件的库存量、零件的在制量和车间的加工生产能力进行综合有效考虑。作业计划只有60%能够按计划完成,无法保证按时交货,同时库存量偏高,库存资金占用严重,达到1000多万元,没有车间工序管理控制的有效手段,难以及时有效地监控工作令号以及生产过程,无论是工人业绩考核或车间在制品统计都存在困难,零部件返修率高达30%。

二、销售环节

销售对生产部的信息无法及时了解,无法准确获知生产部的库存、生产进度,无法及时掌握产品出库信息,无法跟踪客户订单完成过程,难以提供完善的售后服务。

三、质量环节

企业生产的阀门质量控制要求高,需要能够对每个产品进行质量追溯,而没有信息系统支持则力不从心。

实训任务　利用现代化生产手段解决企业生产管理问题

结合重庆川仪十一厂现状,以及相关知识,尝试通过一些现代生产企业管理手段,解决或改良重庆川仪十一厂面临的生产问题。

任务研修

一、ERP沙盘模拟实训课程简介

沙盘最早指的是在军事领域中根据地形图、航空像片或实地地形,按一定的比例关系,用泥沙、兵棋和其他材料堆制的模型。军事指挥员通过在沙盘上模拟推演两军在战场上的对抗与较量,发现双方战略战术上存在的问题,用以研究地形、敌情、作战方案,组织协同动作,实施战术演练,研究战例和总结作战经验等,提高指挥员的作战能力。专家们很快意识到这种方法同样适合企业对中、高层经理的培养和锻炼,随即对军事沙盘模拟推演进行广泛的借鉴与研究,最终开发出了ERP企业沙盘实战模拟。ERP沙盘模拟实训课程是通过引领学员进入一个模拟的竞争性行业,由学员分组建立若干模拟公司,围绕形象直观的沙盘教具,实战演练模拟企业的经营管理与市场竞争,在经历模拟企业4~8年的荣辱成败过程中提高战略管理能力,感悟经营决策真谛。每一年度经营结束后,同学们通过对"公司"当年业绩的盘点与总结，反思决策成败，解析战略得失，梳理管理思路，暴露自身误区，并通过多次调整与改进的练习，切实提高综合管理素质。沙盘模拟课程特有的互动性、趣味性、竞争性特点，能够最大限度地调动学生的学习兴趣，使学生在课堂上处于高度兴奋状态，充分运用听、说、学、做、改等一系列学习手段，开启一切可以调动的感官功能，对所学内容形成深度记忆，并能够将学到的管理思路和方法在实际工作中很快实践与运用。在沙盘模拟实训课程中学生得到的不再是空洞乏味的概念、理论，而是极其宝贵的实践经验和深层次的领会与感悟。

基于教学课时资源瓶颈限制，ERP 沙盘模拟实训课程的主要教学目标如下：

（1）融合创业、就业要求进行 ERP 沙盘模拟课程的教学；

（2）掌握用友沙盘的基本运作及模拟企业在沙盘上的运作；

（3）在沙盘企业模拟的基础上，对企业战略、市场营销、财务会计以及 Excel 应用等方面进行拓展。

ERP 沙盘模拟实训课程属于实践实训类课程，教学必须注重对学生实践实训操作技能的培养。在讲清楚基本概念、基本方法的前提下，充分应用体验式教学，结合基本理论进行实训教学。ERP 沙盘模拟实训课程不同于理论课程，应充分体现"教师指导下的以学生为中心"的教学模式，以学生为认知主体，充分调动学生的积极性和能动性，重视学生自学能力的培养。

我们知道，在经济学中，讲究对资源的优化配置，其目的是"少投入、多产出"。企业作为社会组织中的经济实体，永远离不开这一目标，即通过统一规划并协调运作其业务活动，对资源进行优化配置，从而更有效率地达成组织目标。ERP 是 Enterprise Resource Planning（企业资源计划），其核心就是利用先进的理念和工具，对企业所有的资源进行优化配置，从而最优地达成企业的目标。简单地说，就是将企业的三大流——物流、资金流、信息流进行全面集成的管理和优化。ERP 沙盘必须将企业的这三大流和企业的基本组织结构反映到沙盘盘面上。从输入输出系统角度而言，任何一个企业必须具备三大职能：市场营销、内部运营和生产、财务会计。其中市场营销是企业生存和发展的源头；内部运营和生产是企业生存和发展的具体方式；财务会计是企业生存和发展的状况。因此，ERP 沙盘企业必须反映这三大职能和三大流，如图 1-1 所示。

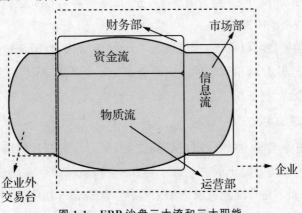

图 1-1　ERP 沙盘三大流和三大职能

二、供应链管理概述

(一) 供应链的定义

供应链的概念最初是由美国专家在1982年提出来的。美国供应链专家Robert B. Handfield 和 Ernest L. Nichols 认为,供应链包括从原材料阶段到最终用户的物质转换和流动,以及与此伴随的信息流有关的一切活动。供应链是围绕核心企业,通过对信息流、物流、资金流的控制,从采购原材料开始,制成中间产品以及最终产品,最后由销售网络把产品送到消费者手中的将供应商、制造商、分销商、零售商、直到最终用户连成一个整体的功能网链结构模式。这个概念强调了供应链的战略伙伴关系。各种物料在供应链上移动,是一个不断采用高新技术增加其技术含量或附加值的增值过程。

(二) 供应链的结构模型

根据供应链的定义,其结构可以简单地归纳为如图1-2所示的模型。

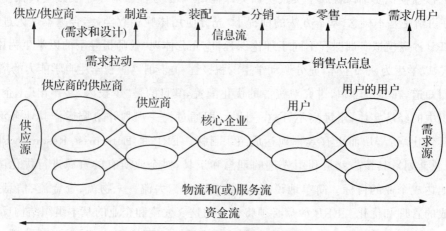

图1-2 供应链的网链结构模型

从图1-2中可以看出,供应链由所有加盟的结点企业组成,其中一般有一个核心企业(可以是产品制造企业,也可以是大型零售企业,如美国的沃尔玛),结点企业在需求信息的驱动下,通过供应链的职能分工与合作(生产、分销、零售等),以资金流、物流和(或)服务流为媒介实现整个供应链的不断增值。

从供应链的结构模型可以看出,供应链是一个网链结构,由围绕核心企业的供应商、供应商的供应商和用户、用户的用户组成。一个企业是一个结点,结点企业与结点企业之间是一种需求与供应关系。

(三) 供应链管理的定义

对供应链这一复杂系统,要想取得良好的绩效,必须找到有效的协调管理办法,供应链管理思想就是在这种环境下提出的。它源于这样一种观点,即企业应该从总成本的角度考察企业的经营效果,而不是片面地追求诸如采购、生产、分销等功能的优化。

道格拉斯·兰伯特(Douglas M. Lambert)、玛莎·库珀(Martha C. Cooper)等人的研究

表明,"供应链管理"这一名词最早是由一些世界级大企业的管理顾问在20世纪80年代初期提出的,首次出现在学术文章中是在1982年。而学界第一次真正从理论角度来定义供应链管理大约是在1990年,并将其与管理物料流动和相关信息流的传统方法区分开来。目前,学者对于什么是真正的供应链管理仍然众说纷纭,莫衷一是。

Giunipero 和 Brand 认为:供应链管理是一个用以增加总体客户满意程度的战略管理工具,以提高企业的竞争力和获利能力为目标。

美国供应链协会认为:供应链管理包括贯穿于整个渠道来管理供应与需求、原材料与零部件采购、制造与装配、仓储与存货跟踪、订单录入与管理、分销以及向顾客交货。

美国生产与库存控制协会(APICS)在其第九版字典中,将供应链管理定义为:"供应链管理是计划、组织和控制从最初原材料到最终产品及其消费的整个业务流程,这些流程连接了从供应商到顾客的所有企业。供应链包含了由企业内部和外部为顾客制造产品和提供服务的各职能部门所形成的价值链。"该定义的前半部分说明供应链管理所涉及的理论源于产品的分销和运输管理,供应链涵盖了从原材料供应商经制造商和分销商到最终用户的整个产品的物流;后半部分说明价值增值是供应链的基本特征,有效的供应链必定是一个增值链,即供应链中的各个实体无论从事什么样的活动,其对产品转换流程的增值必须大于成本。

2001年4月17日由国家质量技术监督局发布、2001年8月1日实施的国家标准《GB/T18354 2001物流术语》对供应链管理给出的定义是:供应链管理是利用计算机网络技术全面规划供应链中的商流、物流、信息流、资金流等,并进行计划、组织、协调与控制。该定义强调应用先进手段实现过程控制与管理。

供应链管理所有的定义或描述都表明供应链管理不同于传统的企业管理,它更强调整体效率的提高和整体成本的下降,以最终用户为中心,进行供应链整体集成与协调,突破传统基于职能部门的管理模式,要求各链条企业围绕物流、信息流、资金流进行信息共享与经营协调,实现全过程的战略管理。这种管理过程通过采用集成思想和方法,实现了柔性和稳定的供需关系。与传统企业管理相比,供应链管理完成了从功能管理向过程管理、利润管理向利润率管理、产品管理向顾客管理、企业间交易性管理向关系性管理、库存管理向信息管理等诸多方面的转变,以适应全球经济一体化和扩张性企业发展的要求。

综上所述,供应链管理定义为:供应链管理是用系统的观点通过对供应链中的物流、信息流、资金流进行设计、规划、控制与优化,以寻求建立供、产、销企业以及客户间的战略合作伙伴关系,最大程度地减少内耗与浪费,实现供应链整体效率的最优化并保证供应链中的成员取得相应的绩效和利益,来满足顾客需求的整个管理过程。

供应链管理的内容主要涉及四个主要领域:供应(Supply)、生产计划(Schedule Plan)、物流(Logistics)、需求(Demand)。供应链管理是以同步化、集成化生产计划为指导,以各种技术为支持,尤其以 Internet/Intranet 为依托,围绕供应、生产作业、物流(主要指制造过程)、满足需求实施的。供应链管理主要包括计划、合作、控制从供应商到用户的物料(零部件和成品等)和信息。供应链管理的目标在于提高用户服务水平和降低总的交易成本,并且寻求两个目标之间的平衡(这两个目标往往有冲突)。

三、准时化生产方式(JIT)

准时化生产方式(JIT,Just In Time)起源于日本丰田汽车公司的一种生产管理方式。它的基本思想是"彻底杜绝浪费","只在需要的时候,按需要的量,生产所需要的产品"。这也就是"Just In Time(JIT)"的基本含义。这种生产方式的核心,是追求一种无库存生产系统,或是库存量达到最小的生产系统。它顺应时代的发展和市场的变化,经历了20多年的探索和完善,逐渐形成和发展成为包括经营理念、生产组织、物流控制、质量管理、成本控制、库存管理、现场管理和现场改善等在内的较为完整的生产管理技术与方法体系。

准时化生产方式诞生在丰田公司,但它并不是仅适用于汽车生产。事实上,准时化生产方式作为一种彻底追求生产过程合理性、高效性和灵活性的生产管理技术,它已被应用于日本的许多行业和众多企业之中。同样,它的基本思想、基本原理和基本技法对我国企业的生产方式和管理方法的现代化具有重要的借鉴意义和参考价值。

丰田的准时化生产方式通过看板管理,成功地制止了过量生产,实现了"在必要的时刻生产必要数量的必要产品(或零部件)",从而彻底消除在制品过量的浪费,以及由之衍生出来的种种间接浪费。因此,每当人们说起丰田生产方式,往往容易只会想到看板管理和减少在制品库存。事实上,丰田公司以看板管理为手段,制止过量生产,减少在制品,从而使产生次品的原因和隐藏在生产过程中的种种问题充分暴露出来,然后通过改善活动,彻底消除引起成本增加的种种浪费,实现生产过程的合理性、高效性和灵活性。这才是丰田准时化生产方式的真谛。

(一)准时化生产方式的技术体系

所谓"准时化",就是我们在前面介绍过的,在必要的时刻生产必要数量的必要产品或零部件。"准时化"的本质就在于创造出能够灵活地适应市场需求变化的生产系统。这种生产系统能够从经济性和适应性两个方面来保证公司整体性利润的不断提高。此外,这种生产系统具有一种内在的动态自我完善机制,即在"准时化"的激发下,通过不断地缩小加工批量和减少在制品储备,使生产系统中的问题不断地暴露出来,使生产系统本身得到不断的完善,从而保证准时化生产的顺利进行。

(二)流水线上应用JIT的简单物料流动控制方法

在JIT环境下,工人只有在生产线上的末端受到市场需求牵引时才开始工作,工作的对象可能是产成品或者是被后道工序使用的零部件。最简单的流水线牵引系统如图1-3所示。

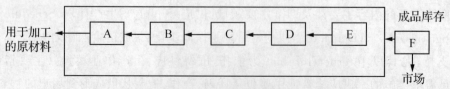

图1-3 流水线上应用JIT的简单物料流动控制原理

从图 1-3 中看到,当产品被牵引离开本工序时,补充产品由生产线的上游工序获得,当成品从 F 中拉出,然后仓库管理人员到工序 E 取来替代品填补该空位。这种活动沿生产线向上追溯,直到 A 工位工人从原料库存中领取物料进行生产。这种工作流的布局规则要求工人在其工作地点上要保证完成生产,如果有人取走了该产品,必须沿工作流向上道工序要新的产品进行加工并完成生产。

四、企业资源计划(ERP)

(一) ERP 简介

企业资源计划(Enterprise Resource Planning,简称 ERP),是一个庞大的管理信息系统,是针对物资资源管理(物流)、人力资源管理(人流)、财务资源管理(财流)、信息资源管理(信息流)集成一体化的企业管理软件。它将包含客户/服务架构,使用图形用户接口,应用开放系统制作。除了已有的标准功能,它还包括其他特性,如品质、过程运作管理,以及调整报告等。

ERP 是先进的现代企业管理模式,主要实施对象是企业,目的是将企业的各个方面的资源(包括人、财、物、产、供、销等因素)合理配置,以使之充分发挥效能,使企业在激烈的市场竞争中全方位地发挥能量,从而取得最佳经济效益。ERP 系统提出了新的管理体系结构,把企业的内部和外部资源有机地结合在了一起。这里充分贯彻了供应链的管理思想,将用户的需求和企业内部的制造活动以及外部供应商的制造资源一同包括了进来,体现了完全按客户需求制造的思想。

ERP 应用成功的标志是:(1) 系统运行集成化,软件的运作跨越多个部门;(2) 业务流程合理化,各级业务部门根据完全优化后的流程重新构建;(3) 绩效监控动态化,绩效系统能即时反馈以便纠正管理中存在的问题;(4) 管理改善持续化,企业建立一个可以不断自我评价和不断改善管理的机制。

(二) ERP 包含的主要内容

在企业中,一般的管理主要包括三方面的内容:生产控制(计划、制造)、物流管理(分销、采购、库存管理)和财务管理(会计核算、财务管理)。这三大系统本身就是集成体,它们互相之间有相应的接口,能够很好地整合在一起来对企业进行管理。另外,要特别一提的是,随着企业对人力资源管理重视的加强,已经有越来越多的 ERP 厂商将人力资源管理纳入了 ERP 系统的一个重要组成部分。

1. 财务管理模块

企业中,清晰分明的财务管理是极其重要的,所以,在 ERP 整个方案中它是不可或缺的一部分。ERP 中的财务模块与一般的财务软件不同,作为 ERP 系统中的一部分,它和系统的其他模块有相应的接口,能够相互集成,比如:它可将由生产活动、采购活动输入的信息自动计入财务模块生成总账、会计报表,取消了输入凭证繁琐的过程,几乎完全替代以往传统的手工操作。一般的 ERP 软件的财务部分分为会计核算与财务管理两大块。

(1) 会计核算。

会计核算主要是记录、核算、反映和分析资金在企业经济活动中的变动过程及其结果。它由总账、应收账、应付账、现金、固定资产、多币制等部分构成。

总账模块的功能是处理记账凭证输入、登记,输出日记账、一般明细账及总分类账,编制主要会计报表。它是整个会计核算的核心,应收账、应付账、固定资产核算、现金管理、工资核算、多币制等各模块都以其为中心来互相传递信息。

应收账模块是指企业应收的由于商品赊欠而产生的正常客户欠款账。它包括发票管理、客户管理、付款管理、账龄分析等功能。它和客户订单、发票处理业务相联系,同时将各项事件自动生成记账凭证,导入总账。

应付账模块是企业应付购货款等账,它包括了发票管理、供应商管理、支票管理、账龄分析等。它能够和采购模块、库存模块完全集成以替代过去繁琐的手工操作。

现金管理模块主要是对现金流入流出的控制以及零用现金及银行存款的核算。它包括了对硬币、纸币、支票、汇票和银行存款的管理。在ERP中提供了票据维护、票据打印、付款维护、银行清单打印、付款查询、银行查询和支票查询等和现金有关的功能。此外,它还和应收账、应付账、总账等模块集成,自动产生凭证,计入总账。

固定资产核算模块即完成对固定资产的增减变动以及折旧有关基金计提和分配的核算工作。它能够帮助管理者对目前固定资产的现状有所了解,并能通过该模块提供的各种方法来管理资产,以及进行相应的会计处理。它的具体功能有:登录固定资产卡片和明细账,计算折旧,编制报表,以及自动编制转账凭证,并转入总账。它和应付账、成本、总账模块集成。

多币制模块是为了适应当今企业的国际化经营,对外币结算业务的要求增多而产生的。多币制将企业整个财务系统的各项功能以各种币制来表示和结算,且客户订单、库存管理及采购管理等也能使用多币制进行交易管理。多币制和应收账、应付账、总账、客户订单、采购等各模块都有接口,可自动生成所需数据。

工资核算模块自动进行企业员工的工资结算、分配、核算以及各项相关经费的计提。它能够登录工资、打印工资清单及各类汇总报表,计算计提各项与工资有关的费用,自动做出凭证,导入总账。这一模块是和总账、成本模块集成的。

成本模块将依据产品结构、工作中心、工序、采购等信息进行产品的各种成本的计算,以便进行成本分析和规划,还能用标准成本或平均成本法按地点维护成本。

(2) 财务管理。

财务管理的功能主要是基于会计核算的数据,再加以分析,从而进行相应的预测、管理和控制活动。它侧重于财务计划、控制、分析和预测。

财务分析提供查询功能和通过用户定义的差异数据的图形显示进行财务绩效评估、账户分析等。

财务计划根据前期财务分析做出下期的财务计划、预算等。

财务决策是财务管理的核心部分,中心内容是作出有关资金的决策,包括资金筹集、投放及资金管理。

2. 生产控制管理模块

这一部分是 ERP 系统的核心所在,它将企业的整个生产过程有机地结合在一起,使得企业能够有效地降低库存,提高效率。同时各个原本分散的生产流程的自动连接,也使得生产流程能够前后连贯地进行,而不会出现生产脱节,耽误生产交货时间。生产控制管理是一个以计划为导向的先进的生产、管理方法。首先,企业确定它的一个总生产计划,再经过系统层层细分后,下达到各部门去执行。即生产部门以此生产,采购部门按此采购等等,如图 1-4 所示。

(1) 主生产计划。

它是根据生产计划、预测和客户订单的输入来安排将来的各周期中提供的产品种类和数量,它将生产计划转为产品计划,在平衡了物料和能力的需要后,精确到时间、数量的详细的进度计划。它是企业在一段时期内的总活动的安排,是一个稳定的计划,是以生产计划、实际订单和对历史销售分析得来的预测产生的。

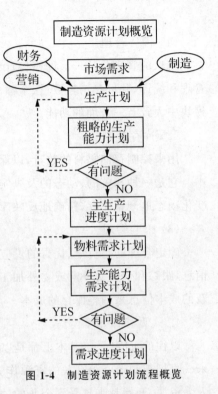

图 1-4 制造资源计划流程概览

(2) 物料需求计划。

在主生产计划决定生产多少最终产品后,再根据物料清单,把整个企业要生产的产品的数量转变为所需生产的零部件的数量,并对照现有的库存量,可得到还需加工多少,采购多少的最终数量。这才是整个部门真正依照的计划。

(3) 能力需求计划。

它是在得出初步的物料需求计划之后,将所有工作中心的总工作负荷,在与工作中心的能力平衡后产生的详细工作计划,用以确定生成的物料需求计划是否是企业生产能力上可行的需求计划。能力需求计划是一种短期的、当前实际应用的计划。

(4) 车间控制。

这是随时间变化的动态作业计划,是将作业分配到具体各个车间,再进行作业排序、作业管理、作业监控。

(5) 制造标准。

在编制计划中需要许多生产基本信息,这些基本信息就是制造标准,包括零件代码、产品构成、工序和工作中心,都用唯一的代码在计算机中识别。

① 零件代码(物料清单),对物料资源的管理,对每种物料给予唯一的代码识别。

② 产品构成,定义产品结构的技术文件,用来编制各种计划。

③ 工序,描述加工步骤及制造和装配产品的操作顺序。它包含加工工序顺序,指明各道工序的加工设备及所需要的额定工时和工资等级等。

④工作中心，使用相同或相似工序的设备和劳动力组成的，从事生产进度安排、核算能力、计算成本的基本单位。

3. 物流管理

（1）销售管理。

销售的管理是从产品的销售计划开始，对其销售产品、销售地区、销售客户各种信息的管理和统计，并可对销售数量、金额、利润、绩效、客户服务做出全面的分析，这样在分销管理模块中大致有三方面的功能。

（2）库存控制。

用来控制存储物料的数量，以保证稳定的物流支持正常的生产，但又最小限度的占用资本。它是一种相关的、动态的及真实的库存控制系统。它能够结合相关部门的需求，随时间变化动态地调整库存，精确地反映库存现状。

（3）采购管理。

确定合理的定货量、优秀的供应商和保持最佳的安全储备。能够随时提供定购、验收的信息，跟踪和催促对外购或委外加工的物料，保证货物及时到达。建立供应商的档案，用最新的成本信息来调整库存的成本。

4. 人力资源管理模块

以往的 ERP 系统基本上都是以生产制造及销售过程（供应链）为中心的。因此，长期以来一直把与制造资源有关的资源作为企业的核心资源来进行管理。但近年来，企业内部的人力资源，开始越来越受到企业的关注，被视为企业的资源之本。在这种情况下，人力资源管理，作为一个独立的模块，被加入到了 ERP 的系统中来，和 ERP 中的财务、生产系统组成了一个高效的、具有高度集成性的企业资源系统。它与传统方式下的人事管理有着根本的不同。

（1）人力资源规划的辅助决策。

对于企业人员、组织结构编制的多种方案，进行模拟比较和运行分析，并辅之以图形的直观评估，辅助管理者做出最终决策。

制定职务模型，包括职位要求、升迁路径和培训计划，根据担任该职位员工的资格和条件，系统会提出针对本员工的一系列培训建议，一旦机构改组或职位变动，系统会提出一系列的职位变动或升迁建议。

进行人员成本分析，可以对过去、现在、将来的人员成本作出分析及预测，并通过 ERP 集成环境，为企业成本分析提供依据。

（2）招聘管理。

人才是企业最重要的资源，拥有优秀的人才才能保证企业持久的竞争力。招聘系统一般从以下几个方面提供支持：

①进行招聘过程的管理，优化招聘过程，减少业务工作量。

②对招聘的成本进行科学管理，从而降低招聘成本。

③为选择聘用人员的岗位提供辅助信息，并有效地帮助企业进行人才资源的挖掘。

(3) 工资核算。

①能根据公司跨地区、跨部门、跨工种的不同薪资结构及处理流程制定与之相适应的薪资核算方法。

②与时间管理直接集成，能够及时更新，对员工的薪资核算动态化。

③回算功能。通过和其他模块的集成，自动根据要求调整薪资结构及数据。

(4) 工时管理。

①根据本国或当地的日历，安排企业的运作时间以及劳动力的作息时间表。

②运用远端考勤系统，可以将员工的实际出勤状况记录到主系统中，并把与员工薪资、奖金有关的时间数据导入薪资系统和成本核算中。

(5) 差旅核算。

系统能够自动控制从差旅申请、差旅批准到差旅报销整个流程。并且通过集成环境将核算数据导进财务成本核算模块中去。

ERP项目是一个庞大的系统工程，不是有钱买来软件就可以的。ERP更多的是一种先进的管理思想，它涉及面广，投入大，实施周期长，难度大，存在一定的风险，需要采取科学的方法来保证项目实施的成功。

最高决策者和全体员工的参与：ERP的实施关系到企业内部管理模式的调整，业务流程的变化及大量的人员变动，没有企业领导的参与将难以付诸于实践。但同时ERP是企业级的信息集成，没有全体员工的参与也是不可能成功的。知识更新：ERP是信息技术和先进管理技术的结合，无论是决策者、管理者还是普通员工都要掌握计算机技术、通信技术，并将之运用到现代企业的管理中去。规范化的数据：ERP系统实现了企业数据的全局共享，作为一个管理信息系统，它处理的对象是数据。数据规范化是实现信息集成的前提，在此基础上才谈得上信息的准确、完整和及时。所以实施ERP必须要花大力气准备基础数据。比如，产品数据信息、客户信息、供应商信息等。

任务总结

该任务没有标准答案，学生结合工厂实际情况，合理提出企业供应链信息化改良方案即可。

任务资讯

川仪十一厂电子商务信息化改革总结

川仪十一厂的管理者们深刻认识到，不对企业的管理现状进行改革，实现以信息化平台为基础的现代化管理模式，企业的发展甚至生存就会面临危机。

一、合理进行计划生产流程改造

根据川仪十一厂的实际情况和对经营管理集成化的需求分析，该把流程改造后的项目总体结构集成分为采购、销售、仓储、计划、生产、财务、质量七个功能子系统。实行订单生产＋按库存生产的生产模式。按订单生产的主要对象是所有的场频以及专用零部件，按库存生产的主要对象是通用零部件。按订单生产计划模式的运行是由销售订单驱动的,而按库存生产计划模式的运行是由安全库存量驱动的,也就是说,工厂生产按订单的驱动进行,但是当某一零部件的库存量低于安全库存量时,将运行按库存生产。

二、合理进行 ERP 实施

为此,2004 年川仪十一厂慎重选型,选中金蝶公司为合作伙伴,先后应用了金蝶 ERP 系统的主生产计划、物料需求计划、生产任务管理、委外加工任务管理、生产数据管理、采购管理、销售管理、仓存管理、存货核算、总账管理、报表管理、应收管理、应付管理以及固定资产等主要模块。

在 ERP 实施方面,金蝶公司和川仪十一厂的密切配合下,项目分阶段投入运行,覆盖的业务范围包括:生产计划管理及流程、生产任务管理及流程、供应链管理及业务流程、财务业务一体化应用——财务总账报表管理、财务应收应付以及固定资产管理及业务流程。

三、通过条码实现产品车间工序跟踪

川仪十一厂通过 ERP 系统与条码扫描技术相结合,根据每个订单开始设置的订单生产号,于是订单跟踪便可以深入到加工车间。产品车间工序跟踪方法为:(1) 通过 ERP 系统在"生产任务单"自动生成工序号,实现"单品序列号"和"跟批号"的生成;(2) 打印工序跟踪卡并下达到车间(对于一批由多名工人生产的产品则打印多张工序卡);(3) 利用条码枪对每一次关键工序节点进行扫描;(4) 汇总结果,实现过程跟踪。

四、订单可视化进程跟踪管理

川仪十一厂从获取销售订单开始就挂上订单生产号,通过结合了主生产计划与物料需求计划的订单生产运算,得出带有订单生产号的采购计划和生产计划。在生产过程中,对装配环节进行三道关键工序的实时跟踪,通过条码系统与 ERP 系统的信息集成,收集产品完成情况、下线质量情况等数据,实现质量在线监控。

因此,通过工作令号(订单生产跟踪号)全程贯穿销售、计划、采购、仓存、生产、委外加工、质量等各个业务环节,川仪十一厂实现了以销售订单为龙头,满足个性化物料需求的全程跟踪和业务处理。

在进行供应链电子商务化改革后,川仪十一厂的合同兑现率提升了 25%;大宗原材料的采购提前期从 30 天缩短到 10 天;库存周转率提高了 59.3%;制造成本降低了 11% 左右,而企业的整体生产能力提高了 13%。

任务拓展

1. 企业资源应该包括哪些?
2. 你想通过本门课程提高哪方面的能力?
3. 请根据班级人数,完成分组工作,每组人数原则上不超过 6 人。

实训项目二 公司成立

学习内容

(1) 公司起名注意事项；
(2) 公司经营范围的定义；
(3) 公司法中关于公司成立要求；
(4) 团队组建。

学习目标

1. 知识目标

(1) 了解公司起名以及经营范围等基本要求；
(2) 掌握成立一家有限公司具体业务流程；
(3) 认识团队的重要性。

2. 能力目标

(1) 能够在实际中完成一家有限公司的建立相关准备工作；
(2) 能够独自完成有限公司建立的业务过程；
(3) 能够完成团队的组建和分工工作。

任务背景

小明计划在大学毕业之后，和几个志同道合的同学共同出资成立一家有限公司，但是他们不知道具体准备什么，怎么操作，他们准备咨询相关专业机构。

实训任务1 完成公司起名、注册资本金以及经营范围相关工作

首先请完成分组工作,每组人数原则上不超过6人,然后根据相关知识,请你告诉小明,建立一家有限公司需要哪些条件以及需要准备哪些资料。并帮助小明完成一份企业名称预先核准申请书。

任务研修

一、《公司法》概述

公司是指依法设立的,以营利为目的的,由股东投资形成的企业法人。公司有独立的法人财产,享有法人财产权,以其全部财产对公司的债务承担责任。其中法人是相对于自然人而言的。自然人是以生命为存在特征的个人,我们每个人都是自然人;法人是在法律上人格化了的、依法具有民事权利能力和民事行为能力并独立享有民事权利、承担民事义务的社会组织。

公司法有广义和狭义之分,狭义的公司法是指《中华人民共和国公司法》(1993年12月29日第八届全国人民代表大会常务委员会第五次会议通过,根据1999年12月25日第九届全国人民代表大会常务委员会第十三次会议《关于修改〈中华人民共和国公司法〉的决定》第一次修正,根据2004年8月28日第十届全国人民代表大会常务委员会第十一次会议《关于修改〈中华人民共和国公司法〉的决定》第二次修正,2005年10月27日第十届全国人民代表大会常务委员会第十八次会议修订,自2006年1月1日起施行)。新《公司法》的立法理念更加适应市场经济的需要,体现了鼓励投资,简化程序,提高效率的精神,取消了诸多不必要的国家干预的条款,废除了股份公司设立的审批制,减少了强制性规范,强化当事人意思自治,突出了公司章程的制度构建作用,为进一步完善公司治理结构,加强对股东权益的保护提供了制度保障。广义的公司法是指规定公司的设立、组织、活动、解散及其他对内对外关系的法律规范的总称。它除包括《公司法》外,还包括其他法律,行政法规中有关公司的规定。

我国《公司法》中所称公司有其特定适用范围:

其一,依据属地主义原则,为依照《公司法》在中国境内设立的公司;

其二,组织形式仅限于有限责任公司和股份有限公司,立法未对其他公司组织形式作规定,在实践中则不允许设立。

有限责任公司

概念:指依据公司法由全体股东共同出资设立的,每个股东以其出资额为限对公司承担责任,公司以其全部资产对公司债务承担责任的企业法人。

特征：
(1) 有限责任公司股东的人数有一定的限制，必须是50人以下；
(2) 股东以各自的出资额为限对公司承担有限财产责任；
(3) 有限责任公司不公开募集资本；
(4) 公司的规模可大可小，适应性强；
(5) 公司的设立程序简单，组织机构灵活。

设立条件：
(1) 股东人数符合法定人数；
(2) 股东出资达到法定资本最低额3万元；
(3) 股东共同制定公司章程；
(4) 有公司名称，建立符合有限责任公司要求的组织机构；
(5) 有公司住所。

出资方式：货币出资；实物出资；知识产权出资；土地使用权出资。

股份有限公司

概念：是指依法成立的，其全部资本分成等额股份，通过发行股票筹集公司资本，股东以其所持股份为限对公司承担责任，公司以其全部资产对公司债务承担责任的企业法人。

特征：
(1) 公司发起人有人数限制，2~200人；
(2) 公司资本分成等额单位，称之为股份；
(3) 股份以股票形式发行；
(4) 股份有限公司一般规模较大，是典型的合资公司，在设立程序上也比较复杂。

设立的条件：
(1) 发起人符合法定人数；
(2) 发起人认购和募集的股本达到法定资本最低限额；
(3) 股份发行、筹办事项符合法律规定；
(4) 发起人制定公司章程，采用募集方式设立的经创立大会通过；
(5) 有公司名称，建立符合股份有限公司要求的组织机构；
(6) 有公司住所。

二、企业名称登记管理实施办法

(一) 企业名称登记管理相关法律规定

第一章　总则

第一条　为了加强和完善企业名称的登记管理，保护企业名称所有人的合法权益，维护公平竞争秩序，根据《企业名称登记管理规定》和有关法律、行政法规，制定本办法。

第二条　本办法适用于工商行政管理机关登记注册的企业法人和不具有法人资格的企

业的名称。

第三条　企业应当依法选择自己的名称,并申请登记注册。企业自成立之日起享有名称权。

第四条　各级工商行政管理机关应当依法核准登记企业名称。

超越权限核准的企业名称应当予以纠正。

第五条　工商行政管理机关对企业名称实行分级登记管理。国家工商行政管理总局主管全国企业名称登记管理工作,并负责核准下列企业名称:

（一）冠以"中国"、"中华"、"全国"、"国家"、"国际"等字样的;

（二）在名称中间使用"中国"、"中华"、"全国"、"国家"等字样的;

（三）不含行政区划的。

地方工商行政管理局负责核准前款规定以外的下列企业名称:

（一）冠以同级行政区划的;

（二）符合本办法第十二条的含有同级行政区划的。

国家工商行政管理总局授予外商投资企业核准登记权的工商行政管理局按本办法核准外商投资企业名称。

第二章　企业名称

第六条　企业法人名称中不得含有其他法人的名称,国家工商行政管理总局另有规定的除外。

第七条　企业名称中不得含有另一个企业名称。

企业分支机构名称应当冠以其所从属企业的名称。

第八条　企业名称应当使用符合国家规范的汉字,不得使用汉语拼音字母、阿拉伯数字。

企业名称需译成外文使用的,由企业依据文字翻译原则自行翻译使用,不需报工商行政管理机关核准登记。

第九条　企业名称应当由行政区划、字号、行业、组织形式依次组成,法律、行政法规和本办法另有规定的除外。

第十条　除国务院决定设立的企业外,企业名称不得冠以"中国"、"中华"、"全国"、"国家"、"国际"等字样。

在企业名称中间使用"中国"、"中华"、"全国"、"国家"、"国际"等字样的,该字样应是行业的限定语。

使用外国（地区）出资企业字号的外商独资企业、外方控股的外商投资企业,可以在名称中间使用"（中国）"字样。

第十一条　企业名称中的行政区划是本企业所在地县级以上行政区划的名称或地名。市辖区的名称不能单独用作企业名称中的行政区划。市辖区名称与市行政区划连用的企业名称,由市工商行政管理局核准。

省、市、县行政区划连用的企业名称,由最高级别行政区的工商行政管理局核准。

第十二条 具备下列条件的企业法人,可以将名称中的行政区划放在字号之后,组织形式之前:
(一) 使用控股企业名称中的字号;
(二) 该控股企业的名称不含行政区划。
第十三条 经国家工商行政管理总局核准,符合下列条件之一的企业法人,可以使用不含行政区划的企业名称:
(一) 国务院批准的;
(二) 国家工商行政管理总局登记注册的;
(三) 注册资本(或注册资金)不少于5000万元人民币的;
(四) 国家工商行政管理总局另有规定的。
第十四条 企业名称中的字号应当由2个以上的字组成。
行政区划不得用作字号,但县以上行政区划的地名具有其他含义的除外。
第十五条 企业名称可以使用自然人投资人的姓名作字号。
第十六条 企业名称中的行业表述应当是反映企业经济活动性质所属国民经济行业或者企业经营特点的用语。
企业名称中行业用语表述的内容应当与企业经营范围一致。
第十七条 企业经济活动性质分别属于国民经济行业不同大类的,应当选择主要经济活动性质所属国民经济行业类别用语表述企业名称中的行业。
第十八条 企业名称中不使用国民经济行业类别用语表述企业所从事行业的,应当符合以下条件:
(一) 企业经济活动性质分别属于国民经济行业5个以上大类;
(二) 企业注册资本(或注册资金)1亿元以上或者是企业集团的母公司;
(三) 与同一工商行政管理机关核准或者登记注册的企业名称中字号不相同。
第十九条 企业为反映其经营特点,可以在名称中的字号之后使用国家(地区)名称或者县级以上行政区划的地名。
上述地名不视为企业名称中的行政区划。
第二十条 企业名称不应当明示或者暗示有超越其经营范围的业务。
第三章 企业名称的登记注册
第二十一条 企业营业执照上只准标明一个企业名称。
第二十二条 设立公司应当申请名称预先核准。
法律、行政法规规定设立企业必须报经审批或者企业经营范围中有法律、行政法规规定必须报经审批项目的,应当在报送审批前办理企业名称预先核准,并以工商行政管理机关核准的企业名称报送审批。
设立其他企业可以申请名称预先核准。
第二十三条 申请企业名称预先核准,应当由全体出资人、合伙人、合作者(以下统称投资人)指定的代表或者委托的代理人,向有名称核准管辖权的工商行政管理机关提交企业名称预先核准申请书。

企业名称预先核准申请书应当载明企业的名称（可以载明备选名称）、住所、注册资本、经营范围、投资人名称或者姓名、投资额和投资比例、授权委托意见（指定的代表或者委托的代理人姓名、权限和期限），并由全体投资人签名盖章。

企业名称预先核准申请书上应当粘贴指定的代表或者委托的代理人身份证复印件。

第二十四条　直接到工商行政管理机关办理企业名称预先核准的，工商行政管理机关应当场对申请预先核准的企业名称作出核准或者驳回的决定。予以核准的，发给《企业名称预先核准通知书》；予以驳回的，发给《企业名称驳回通知书》。

通过邮寄、传真、电子数据交换等方式申请企业名称预先核准的，按照《企业登记程序规定》执行。

第二十五条　申请企业设立登记，已办理企业名称预先核准的，应当提交《企业名称预先核准通知书》。

设立企业名称涉及法律、行政法规规定必须报经审批，未能提交审批文件的，登记机关不得以预先核准的企业名称登记注册。

企业名称预先核准与企业登记注册不在同一工商行政管理机关办理的，登记机关应当自企业登记注册之日起30日内，将有关登记情况送核准企业名称的工商行政管理机关备案。

第二十六条　企业变更名称，应当向其登记机关申请变更登记。

企业申请变更的名称，属登记机关管辖的，由登记机关直接办理变更登记。

企业申请变更的名称，不属登记机关管辖的，按本办法第二十七条规定办理。

企业名称变更登记核准之日起30日内，企业应当申请办理其分支机构名称的变更登记。

第二十七条　申请企业名称变更登记，企业登记和企业名称核准不在同一工商行政管理机关的，企业登记机关应当对企业拟变更的名称进行初审，并向有名称管辖权的工商行政管理机关报送企业名称变更核准意见书。

企业名称变更核准意见书上应当载明原企业名称、拟变更的企业名称（备选名称）、住所、注册资本、经营范围、投资人名称或者姓名、企业登记机关的审查意见，并加盖公章。有名称管辖权的工商行政管理机关收到企业名称变更核准意见书后，应在5日内作出核准或驳回的决定，核准的，发给《企业名称变更核准通知书》；驳回的，发给《企业名称驳回通知书》。

登记机关应当在核准企业名称变更登记之日起30日内，将有关登记情况送核准企业名称的工商行政管理机关备案。

第二十八条　公司名称预先核准和公司名称变更核准的有效期为6个月，有效期满，核准的名称自动失效。

第二十九条　企业被撤销有关业务经营权，而其名称又表明了该项业务时，企业应当在被撤销该项业务经营权之日起1个月内，向登记机关申请变更企业名称等登记事项。

第三十条　企业办理注销登记或者被吊销营业执照，如其名称是经其他工商行政管理机关核准的，登记机关应当将核准注销登记情况或者行政处罚决定书送核准该企业名称的工商行政管理机关备案。

第三十一条 企业名称有下列情形之一的,不予核准:

(一)与同一工商行政管理机关核准或者登记注册的同行业企业名称字号相同,有投资关系的除外;

(二)与同一工商行政管理机关核准或者登记注册符合本办法第十八条的企业名称字号相同,有投资关系的除外;

(三)与其他企业变更名称未满1年的原名称相同;

(四)与注销登记或者被吊销营业执照未满3年的企业名称相同;

(五)其他违反法律、行政法规的。

第三十二条 工商行政管理机关应当建立企业名称核准登记档案。

第三十三条 《企业名称预先核准通知书》、《企业名称变更核准通知书》、《企业名称驳回通知书》及企业名称核准登记表格式样由国家工商行政管理总局统一制定。

第三十四条 外国(地区)企业名称,依据我国参加的国际公约、协定、条约等有关规定予以保护。

第四章 企业名称的使用

第三十五条 预先核准的企业名称在有效期内,不得用于经营活动,不得转让。

企业变更名称,在其登记机关核准变更登记前,不得使用《企业名称变更核准通知书》上核准变更的企业名称从事经营活动,也不得转让。

第三十六条 企业应当在住所处标明企业名称。

第三十七条 企业的印章、银行账户、信笺所使用的企业名称,应当与其营业执照上的企业名称相同。

第三十八条 法律文书使用企业名称,应当与该企业营业执照上的企业名称相同。

第三十九条 企业使用名称,应当遵循诚实信用的原则。

第五章 监督管理与争议处理

第四十条 各级工商行政管理机关对在本机关管辖地域内从事活动的企业使用企业名称的行为,依法进行监督管理。

第四十一条 已经登记注册的企业名称,在使用中对公众造成欺骗或者误解的,或者损害他人合法权益的,应当认定为不适宜的企业名称予以纠正。

第四十二条 企业因名称与他人发生争议,可以向工商行政管理机关申请处理,也可以向人民法院起诉。

第四十三条 企业请求工商行政管理机关处理名称争议时,应当向核准他人名称的工商行政管理机关提交以下材料:

(一)申请书;

(二)申请人的资格证明;

(三)举证材料;

(四)其他有关材料。

申请书应当由申请人签署并载明申请人和被申请人的情况、名称争议事实及理由、请求事项等内容。

委托代理的,还应当提交委托书和被委托人资格证明。

第四十四条　工商行政管理机关受理企业名称争议后,应当按以下程序在6个月内作出处理:

(一)查证申请人和被申请人企业名称登记注册的情况;

(二)调查核实申请人提交的材料和有关争议的情况;

(三)将有关名称争议情况书面告知被申请人,要求被申请人在1个月内对争议问题提交书面意见;

(四)依据保护工业产权的原则和企业名称登记管理的有关规定作出处理。

第六章　附则

第四十五条　以下需在工商行政管理机关办理登记的名称,参照《企业名称登记管理规定》和本办法办理:

(一)企业集团的名称,其构成为:行政区划+字号+行业+"集团"字样;

(二)其他按规定需在工商行政管理机关办理登记的组织的名称。

第四十六条　企业名称预先核准申请书和企业名称变更核准意见书由国家工商行政管理总局统一制发标准格式文本,各地工商行政管理机关按照标准格式文本印制。

第四十七条　本办法自2004年7月1日起施行。

国家工商行政管理局《关于贯彻〈企业名称登记管理规定〉有关问题的通知》(工商企字[1991]第309号)、《关于执行〈企业名称登记管理规定〉有关问题的补充通知》《工商企字[1992]第283号》、《关于外商投资企业名称登记管理有关问题的通知》(工商企字[1993]第152号)同时废止。

国家工商行政管理总局其他文件中有关企业名称的规定,与《企业名称登记管理规定》和本办法抵触的,同时失效。

(二) 企业起名重点注意事项

公司名称的组成方式为:行政区划+字号(商号)+行业表述+组织形式。比如"徐州市安德莱斯会计服务有限公司","徐州市"是行政区划,"安德莱斯"是字号,"会计服务"是行业表述,"有限公司"是组织形式。对于历史悠久、字号驰名的企业、外商投资企业,依规定可以冠以"中华"、"中国"或"国际"的企业经国家工商行政管理总局核准,可以不冠企业所在地的行政区划名称。

企业名称应使用国家规范的汉字,不能适用汉语拼音字母、阿拉伯数字。

企业名称需译成外文使用的,由企业依据文字自行翻译使用,不需要报工商行政管理部门核准登记。

根据规定,企业可以自行选择字号,字号应当由两个以上的字组成,企业有正当理由可以适用本地或者异地地名作字号,但不得适用县级以上的行政区划名称作字号。私营企业可以使用投资人姓名作字号。

需要注意的是，企业名称不得含有下列内容和文字：

①有损于国家、社会公共利益的；

②可能对公众造成欺骗或误解的；

③外国国家(地区)名称、国际组织名称；

④政党名称、党政军机关名称、群众组织名称、社会团体名称及部队番号；

⑤汉语拼音字母(外文名称中适用的除外)、数字；

⑥其他法律、行政法规规定禁止的。

公司起名要注重公司名称合法性、专业性、品牌战略、行业特点，同时，从现代市场紧密结合的角度看，还要注意企业名称的"国际性"。比如中国福建的一些民营企业突然有一天产品打入日本市场了，可是突然又被人家禁售且起诉了，原因是这些产品的企业名字和日本一些地方名相同，违背了日本的法律！公司起好名字需要注意以下几点：

规则一：合法性

毋庸置疑，公司起名后需要经过工商注册机构审核，而工商企业登记对公司名称有许多规定。合法性是公司起名的首要条件，虽然一般不出问题，但也要引起重视。

规则二：品牌唯一性

新成立公司一般没有什么品牌，但是，一旦企业发展起来，可能很快就创立出来了自己的品牌地位。这里有两点需要注意：

新成立的公司名称不要与现有的公司名称或市场品牌相重音或近形。这主要是因为一旦染上侵权纠纷，我们不仅是白给别人做了宣传不说，还是我们的人力、资金投入浪费掉了。

新成立公司品牌一旦打响，有可能别的领域别的公司抢战先机。市场什么最重要？信息！其次是企业品牌。如果我们的品牌信息不具有独特性、唯一性很容易被他人遗忘或得打擦边球的机会，这个在国际市场非常常见。

规则三：移情别恋

新成立公司最好与旧公司能有连续性，好让消费者产生"移情别恋"之心。如宝洁公司就有同一公司生产的多种洗发及洗涤用品问世。"声宝企业"与"新宝科技"也是移情之例。如果"爱之味"之后再出现个"海之味"的品牌或公司名，"康师傅"之后再来个"马师傅"，企业形象将会在大众脑海中更持续，因此很容易记住！

规则四：升级换代

如果新商品名出现后不能将旧商品来个升级还是会很容易拖垮企业形象！即使您使用单打独斗型的名字。"XXX可乐"之后出现"XXX纯净水"即是一例。比较保守的公司通常会以母品牌带动子品牌来确保升级成果。

规则五：异曲不能同工

像"英姿带"、"背背佳"争争吵吵又过了许多时候还是没个说法，公说公有理，婆说婆有理。

规则六：名称具有冲击力

广告人一天到晚说"冲击力",可惜,名字中带有它的太少了,真正对顾客有冲击力的公司仍是明日黄花。

规则七:没有歧义

日本一家蛋糕公司好高兴取了"LAPUTA"拉丁式名字,结果行销葡萄牙时这个字却变成"烟花女",有谁敢拿卖肉为生的蛋糕呢?由此可见,同样的取名在不同国情下,仍会产生天壤之别的效果。

规则八:取名要树立全球意识

发音要符合外国人的发音习惯,像"Pandora"、"K-Mart"、"FUJI"的共通性都是"简洁有力又带韵律"。

规则九:中英一致

如果您不关心中文字的英文表达力,让"大宏"变成"大公",或"开元"变成"开涮"。那请不用再细读取名的游戏规则,以免眼睛"闪到"。缺少意境,商品很难和大众结缘。

规则十:反映公司实力

一些起名客户动不动要求起名公司说,一定要大气,一定要像通用、中国移动等那样的跨国、国际化名字那样。我们常说,名字也是信息,名字要因人而宜,企业名字也要根据企业发展的阶段状况而进行,名不副实是中国人交往的一大忌讳。甚至有些起名客户不懂公司名称的国家规定,要成立"中"、"国"字头公司!说真的要做到这点很难,有时候连老板对自己的文化特质都"搞不清楚"!

规则十一:适合远观

正因为全球的户外看板业愈来愈受欢迎,所以如果您的公司名无法从老远的地方就让开车人士或旅客辨识,那么,广告效果将会大打折扣。

规则十二:适合书写

在勉为其难情况下设计字形,其结果势必让人摇头叹息。由于现代公司名称的传播是多元化的,一些平面媒体在宣传时就需要用到公司名称的书面效果,那么,书面是否好看、好认、视觉效果便于记忆也是公司名称好不好的一个重要考量因素。

三、公司注册经营范围参考(部分)

商贸类(普通类部分):

五金制品、电子产品、电线电缆、电动工具、家用电器、机电设备、通讯器材、照相器材、健身器材、音响设备、酒店设备、汽摩配件、工量刃具、仪器仪表、医疗器械、建筑材料、装潢材料、陶瓷制品、洁具、橡塑制品、化工原料及产品(除危险品)、电脑及配件、印刷机械、办公设备、文体用品、日用百货、包装材料、工艺品(除金银)、玩具、金属材料、钢丝绳、阀门、管道配件、轴承、制冷设备、压缩机及配件、服装鞋帽、服装服饰、纺机配件、纺织原料(除棉花)、针纺织品、皮件制品、化妆品。

服务类(普通类部分):

电脑图文设计制作、企业营销策划、企业形象策划、美术设计制作。企业营销策划、企业形象策划、企业投资贸易信息咨询、企业管理咨询、人力资源信息咨询、人力资源管理服务、人才信息咨询服务、职业发展咨询、人才中介、市场调研、商务咨询、财务咨询、劳务服务、会务服务、文化教育信息咨询、健康保健咨询、展览展示服务、建筑装饰工程、环保工程、通讯工程、房地产开发、室内装潢设计、水电安装、电器的安装维修服务、货运代理、货运代理服务、物流仓储、鲜花礼仪服务、婚庆服务、美术设计、盲人按摩、资料翻译、工艺礼品设计、服装设计、快递服务、清洁服务、清洁干洗、摄影服务、彩扩、绿化养护、汽车装潢。广告设计、制作、发布、代理。

科技类（普通类部分）：

信息咨询、商务咨询、会展咨询、市场调研、礼仪服务、会务服务、快递服务、清洁服务、服装干洗、摄影服务、绿化服务、汽车装潢、房地产开发（带资质）、家庭装潢、水电按装货运代理、环保工程、通讯工程。计算机领域、计算机技术咨询服务、网络科技、网络技术、通讯工程、网络工程、电子计算机与电子技术信息、生物与医药、化工新材料、光机电一体化、航天海洋与现代运输装备、能源与环保、民用核能技术、传统产业中的高科技运用。

准备好相关资料以及资金要求，准备帮助小明完成一家公司的注册事宜。此次任务中需要完成企业名称预先核准申请书表格内容，如表 2-1 所示。

表 2-1　企业名称预先核准申请书

申请企业名称		字号	
备选企业名称 （请选用不同的字号）	1.	字号	
	2.	字号	
	3.	字号	
经营范围	（只需填写与企业名称行业表述一致的主要业务项目）			
注册资本（金）	（万元）			
企业类型				
住所所在地				
指定代表或者委托代理人指定代表或委托代理人的权限： 1. 同意□不同意□核对登记材料中的复印件并签署核对意见； 2. 同意□不同意□修改有关表格的填写错误； 3. 同意□不同意□领取《企业名称预先核准通知书》。			
指定或者委托的有效期限	自　　年　月　日至　　年　月　日		

注：1. 手工填写表格和签字请使用黑色或蓝黑色钢笔、毛笔或签字笔，请勿使用圆珠笔。

2. 指定代表或者委托代理人的权限需选择"同意"或者"不同意",请在□中打√。

3. 指定代表或者委托代理人可以是自然人,也可以是其他组织;指定代表或者委托代理人是其他组织的,应当另行提交其他组织证书复印件及其指派具体经办人的文件、具体经办人的身份证件。

投资人姓名或名称	证照号码	投资额(万元)	投资比例(%)	签字或盖章

填表日期		年 月 日
指定代表或者委托代理人、具体经办人信息	签　　字:	
	固定电话:	
	移动电话:	

(指定代表或委托代理人、具体经办人
身份证明复印件粘贴处)

注:1. 投资人在本页表格内填写不下的可以附纸填写。

2. 投资人应对第(1)、(2)两页的信息进行确认后,在本页盖章或签字。自然人投资人由本人签字,非自然人投资人加盖公章。

▶任务总结

本任务需要学生根据公司法以及企业起名等规范,小组成员共同商议,确定公司名称、经营范围等事项,教师根据相关内容进行评判,同时可以安排各组之间进行互相评价。

实训任务 2　完成公司注册工作

公司名称一旦核准下来,请你帮助小明完成公司下面的注册事宜。首先请绘制出公司注册过程并完成企业章程制定以及营业执照需要填写的相关工作。

任务研修

一、公司注册流程及时间(供参考)

步骤一:企业名称查询(三个工作日)

申办人提供法人和股东的身份证复印件,申办人提供公司名称 2~10 个,写明经营范围、出资比例(据工商规定:字数应在 60 个内)。例:上海+某某(字数 2 个、企业名)+贸易(行业名)+有限公司(类型)。备注:行业名要规范。

填写"企业(字号)名称预先核准申请表"后,由大上海注册公司网统一提交到市工商行政管理局通过其内部网查名,如果没有重名,就可以使用这个名称,并核发一张"企业(字号)名称预先核准通知书"。

(注册公司步骤一,即查名,通过市工商行管理局进行公司名称注册申请,由工商行政管理局,三名工商查名科注册官进行综合审定,给予注册核准,并发放盖有市工商行政管理局名称登记专用章的"企业名称预先核准通知书")

步骤二:(时间根据实际情况而定)

1. 提供证件材料

新注册公司申办人提供一个法人和全体股东的身份证各一份以及相应要求的材料。相关行政机关如有新规定,由申办人按照国家规定相互配合完成。

2. 报送审批特许项目

如有特殊经营许可项目还需相关部门报审盖章。特种行业许可证办理,根据行业情况及相应部门规定不同,分别分为前置审批和后置审批。(特种许可项目涉及,如:卫防、消防、治安、环保、科委等)

3. 刻章并编写"公司章程"

企业办理工商注册登记过程中,需要使用图章,因此建议由公安部门刻出:公章、财务章、法人章、全体股东章、公司名称章等(这些图章一般需要在公司营业执照获得批准之后来刻);"公司章程"的样本可以在工商局网站下载,根据自己拟办公司实际情况修改并由所有股东签名后交送市工商行政管理局。

步骤三:去银行开立公司验资户由会计审计部门验资并出具验资报告(若干工作日)

带上公司章程、工商局发的核名通知、法人代表的私章、身份证、用于验资的钱、会计审计部门已盖章空白询征函表格,到银行开立公司验资账户,各股东按自己出资比例向此账户中缴足相应的钱款。银行会发给每个股东缴款单,并在询征函上盖银行的章。拿着银行出具的股东缴款单、银行盖章后的询征函,以及公司章程、核名通知、房租合同、房产证复印件,到会计师事务所办理验资报告。按照《公司法》规定,企业投资者需按照各自的出资比例,提供相关注册资金的证明,通过审计部门进行审计并出具"验资报告"。(《公司法》规定,注册公司时,投资人(股东)必须缴纳足额的资本,可以以货币形式出资,也可以以实物如汽车、房产、知识产权等出资。到银行办的只是货币出资这一部分,如果你有实物、房产等作为出资的,需要到会计师事务所鉴定其价值后再以其实际价值出资,比较麻烦,因此建议你直接以货币出资,公司法不管你用什么手段拿的钱,自己的也好、借的也好,只要如数缴足出资款即可。)

步骤四:申领公司营业执照(三个工作日)

填写公司设立登记的各种表格,包括设立登记申请表、股东(发起人)名单、董事经理监理情况、法人代表登记表、指定代表或委托代理人登记表,连同核名通知、公司章程、房租合同、房产证复印件、验资报告一起交给工商局,工商局经过企业提交材料进行审查,确定符合企业登记申请,经工商行政管理局核定,即发放工商企业营业执照,并公告企业成立。

步骤五:申办组织机构代码证(两个工作日)

公司必须申办组织机构代码证,企业提出申请,通过审定,由中华人民共和国国家质量监督检验检疫总局签章,市质量技术监督局发放的中华人民共和国组织机构代码证。办这个证需要半个月,技术监督局会首先发一个预先受理代码证明文件,凭这个文件就可以办理后面的税务登记证、银行基本户开户手续了。

步骤六:申领税务登记证(申办三个工作日)

办理税务应提供的材料:经营场所租房协议复印件,所租房屋的房产证复印件;固定电话;通信地址。如新公司需领取增值税发票的还应准备以下材料:

经营场所的租房合同复印件一份。

经营场所的产权证复印件一份。

租金发票复印件一份。[如企业投资人,在自有房产内办公的(法人或股东自有产权内办公),只需提供自有房产的产权证复印件即可。]

财务人员会计上岗证复印件一份。

财务人员身份证复印件一份。(如企业无财务人员,可以由代理记账财务人员提供。)

企业法人照片一张。

另需企业购买发票人员照片一张,身份证复印件一份,办理发票准购证件。(按照国家税务登记规定,公司必须在工商营业执照打印之日起,三十天内申请办理税务登记证件,经过税务机关审定,由国家税务总局监制,上海市国家税务局和上海市地方税务局联合发放税务登记证。)

步骤七：开设企业基本账户(五个工作日)

在开设银行基本账户时，可根据自己的具体情况选择银行，企业设立基本账户应提供给银行的材料：

1. 营业执照正本原件，并复印件3张。
2. 组织机构代码证正本原件，并复印件3张。
3. 公司公章、法人章、财务专用章。
4. 法人身份证原件，并复印件3张。
5. 国、地税务登记证正本原件，并各复印件3张。
6. 企业撤消原开户行的开户许可证、撤销账户结算清单、账户管理卡。一般一个星期后可到开户行领取基本账户管理卡。

企业有销户凭证的，应在开户时一并交于银行。如非企业法人亲自办理还需代理人的身份证原件。

以上材料为通常银行所需，如果开户银行有新要求或新规定企业应以银行规定为准！(中国人民银行规定，企业必须拥有自己的基本账户，可以根据企业经营的需求，选择自己最方便的任何银行进行开设基本账户，具体银行规定请咨询相关开户行。)

步骤八：申领发票购用簿(两个工作日)

由企业向所在税务局申请，领取由上海市国家税务局和上海市地方税务局共同监制的发票购用印制簿。企业申领发票时，必须向税务机关出具发票购用印制簿。

步骤九：开设纳税专用账户

需要提供的证件材料如下：

1. 公章、法人章、财务专用章。
2. 法人身份证复印件。
3. 基本账户管理卡。
4. 填写纳税专用账户材料。

步骤十：购买发票，开始实际经营

1. 发票购用簿及填定发票申请报批准表。
2. 办税人员(一般为财务人员或企业法人、职员等)的身份证、证件照2张、办理发票准购证。带好公章、法人章、发票专用章、税务登记证原件，办税人员本人和公司财务负责人员同去税务部门，第一次领发票需法人签字，即需要法人同去税务部门。至此，全部注册公司事宜结束，企业进入正常经营阶段。

附：公司注册后的全套证照清单：营业执照一正副本，电子营业执照一张，组织机构代码证一正副本，组织机构代码IC卡一张，税务登记证一正副本，公章、财务专用章、法人章一各一枚，发票：增值税、商统、服务性一各一本，私营企业协会会员证一本，发票购买簿一本，银行开户许可证一张，银行账户管理卡一张。

二、公司注册相关费用

公司注册费用与注册资本有直接的关联,注册资本越高,则注册费用也越高。

以在上海注册公司为例,其注册费用主要由下列费用构成:

(一) 政府收取的费用

1. 工商登记费用

内资公司查名,工商局已不收取费用,但工商登记费、公告费、工本费等费用依然收取,登记费为公司注册资本的万分之八。以注册资本为50万的公司为例,工商登记费用在800元人民币左右。

2. 刻章费用

公司营业执照出来后,可以刻公司公章、法定代表人印章、财务专用章。在开设公司临时验资账户之前,需刻股东印章。一般需要300元左右。

3. 注册机构代码费用

组织机构代码证及IC卡办理费用为148元人民币。

4. 税务登记费用

税务登记只收取税务登记证的工本费,只有20元人民币。

(二) 银行及会计师事务所收取的费用

1. 公司临时账户费用

银行会收取临时账户开户费用,一般在200元人民币左右,另外,还收取银行询征函费用,一般此项费用在200元人民币左右。

2. 会计师事务所收费

注册资本必须由会计师事务所验资,会计师事务所收取的验资费是与公司注册资本大小有关的,注册资本越高,验资费越高。50万及以下的公司验资费用一般在1000元人民币左右。

(三) 代理公司收取的费用

委托代理公司办理公司注册登记,则代理公司会收取代理服务费,内资公司注册代理服务费一般为2000元人民币左右。

上述为公司注册登记费用构成,公司注册完成后,还需办理发票购买、开设公司基本账户与纳税账户等也会发生费用。注册贸易公司,申请一般纳税人也会有购买税卡等费用。特殊行业办理行业许可证也会有费用发生。

中国各个省市注册公司在政府行政费、验资费等费用方面会有所不同。注册内资公司与注册外资公司的费用有很大差异。

同学们已经熟悉了公司注册流程以及相关时间、费用等问题,那么请帮助小明完成公司注册相关工作吧。注册成功之后,工商局会发给你公司工商营业执照,那么请完成表2-2企业营业执照相关内容填写。

表 2-2 企业营业执照

企业法人营业执照	
注册号：	
名称	
住所	
法定代表人姓名	注册资本
公司类型	实收资本
经营范围	
成立日期 营业期限	市工商行政管理局 　年　月　日

任务总结

营业执照的办理是公司成立必须经过的环节,请认真完成上述内容,并请实训教师签字批准。另外,各组可以课后到当地工商管理局咨询相关成立公司事宜以及费用问题。

实训任务3　团队组建

公司已经成立完成了,那么下面问题就是公司内部组织的架构以及人员职务的分配。请完成公司组织结构图的绘制以及岗位职责说明书的制定工作。

任务研修

一、组织设计

组织设计是以组织中结构安排为核心的组织系统的整体设计工作,是一项操作性很强的工作。组织设计的核心问题是如何划分职权结构、部门结构和制定各项规章制度。

根据组织设计目的的要求,组织设计主要有两种基本策略:

(1)功能性的组织结构。即从功能的角度来设计组织,将同一部门或单位中从事相同或相似工作的人集中在一起而构成的组织结构。图2-1显示了企业中功能性组织结构。

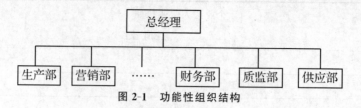

图 2-1 功能性组织结构

这种组织结构具有专业分工细、组织效率高、强调专业技能和工作程序等特点。由于按功能分工,各部门的人员往往是某一方面的专家,因此对其进行管理也应是由这方面的专家来负责,否则就难以有效地行使指挥权。

(2) 目标导向的组织结构,指将实现同一目标的各个方面成员集中在一起而构成的组织结构。其目的是为了实现一个完整的目标,因而打破了专业的界限,有利于内部成员的自我激励和管理。如图2-2所示。

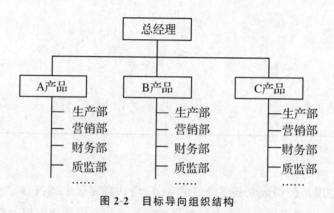

图 2-2 目标导向组织结构

每个组织都要分设若干管理层次和管理机构,这些不同机构的组合方式构成了组织结构,它反映了各个部门组成部分之间的相互联系和相互作用,是实现组织目标的框架或体制。组织结构是组织设计的结果,之所以有不同的组织结构,是因为组织的战略、组织的规模、技术和环境的变化对组织结构的选择有重大的影响。组织结构是随着生产力和社会的发展而不断发展的。常见的组织结构的类型有:直线制、职能制、直线职能制、事业部制、矩阵制、多维立体组织结构等。在当今经济全球化和知识经济趋势不断发展的今天,组织结构还在不断的创新和发展,出现了团队、网络型组织结构等新的组织结构形式。

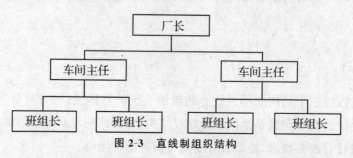

图 2-3 直线制组织结构

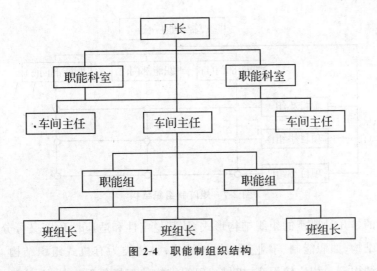

图 2-4 职能制组织结构

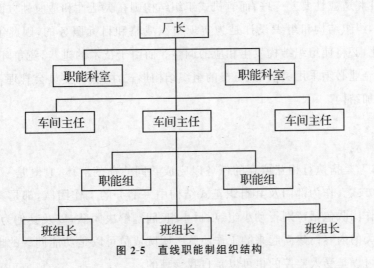

图 2-5 直线职能制组织结构

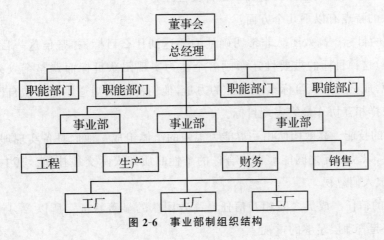

图 2-6 事业部制组织结构

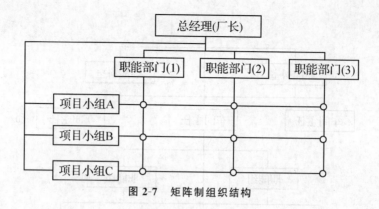

图 2-7 矩阵制组织结构

上面介绍的是几种典型的组织结构形式,从其稳定性和适应性角度又可分为两类:一类是机械式组织结构,如职能制、事业部制组织结构;另一类为有机式组织结构,如矩阵式、多维立体式组织结构等。相比较而言,机械式组织结构的正规化程度较高,注重内部的效率和纪律,但灵活性和适应性要差一些;而有机式组织结构则在灵活性和适应性方面要强一些。

应当指出,组织结构和组织设计是为实现组织战略和目标服务的,因此组织战略的不同,环境的变化,必将使组织结构发生相应的调整。而由于技术的进步,竞争环境的复杂,要求组织特别是企业必须采用灵活的、有机的组织结构形式,团队和委员会管理就是一种普遍采用的有机附加结构。

二、团队

所谓"团队",是指执行相互依存的任务以完成共同使命的群体,它既是一种组织结构,也是一种工作方式。作为部门及其组织正式结构中一部分的工作团队,都是典型的长期团队。短时的工作团队包括特别行动小组、项目小组、问题解决团队,以及其他为了开发、分析或学习工作相关的内容而建立起来的工作团队。团队成员可以是功能同一的也可以是功能交叉的。团队可以是受人监控的也可以是自我管理的。

高效团队的特点有以下几个方面:

(1) 清晰的目标。高效团队非常明确他们要达到什么目标,并坚信这一目标体现了重大价值。另外,这种目标的重要性还激励着个体为实现团队目标而调整个人关注的重心。在高效团队中,成员为团队目标奉献自己的力量,他们清楚地知道团队希望自己干什么,以及成员之间怎样相互协作最终实现目标。

(2) 相关的技能。高效团队由一群能力很强的个体组成。他们具备实现理想目标所必须的技术能力,以及相互之间能够良好合作的个性品质即人际交往技能。其中后者尤为重要,但却常常被人们忽视。

(3) 相互的信任。成员之间相互信任是高效团队的显著特征。所以,维持群体内的相互信任需要引起管理层足够的重视。

(4) 统一的承诺。高效团队中的成员对团队表现高度的忠诚感和奉献精神。只要能帮助团队获得成功,他们愿意做任何工作。有关成功团队的研究发现,这些成员对他们的群体具有认同感,成员重新界定了自我概念,并把自己是该团队成员的身份看作是自我中一个重要组成部分。统一的承诺意味着对团队目标的奉献精神,愿意为实现这一目标付出自己更多的精力。

(5) 良好的沟通。高效团队以良好沟通为特点。群体成员之间以他们可以清晰理解的方式传递信息,良好的沟通还表现在管理者与团队成员之间健康的信息反馈上,这种反馈有助于管理者对团队成员的指导,以及消除彼此之间的误解。

(6) 谈判的技能。当以个体为基础进行工作设计时,员工的角色由工作说明书、组织的规章制度,以及其他一些正式文件明确规定。但对高效团队来说,谁做什么事通常十分灵活,总在不断进行调整。这种灵活性就需要团队成员具备谈判技能。

(7) 恰当的领导。有效的领导者能够激励团队跟随自己共渡难关,如何来做?他们帮助团队指明前进的目标,他们向成员解释通过克服惰性可以实施变革,他们鼓舞每个成员的自信,他们帮助成员了解自己的潜力所在。越来越多的高效团队领导者扮演着教练和后盾的角色,他们为团队提供指导和支持,但并不控制团队。

(8) 内部的支持和外部的支持。高效团队的最后一个必要条件是它的支持环境。从内部来看,团队应拥有一个合理的基础结构,这包括:适当的培训,一套清晰而合理的测量系统用来评价总体绩效水平,一个报酬分配方案以认可和奖励团队的活动,一个具有支持作用的人力资源系统。恰当的基础结构应能支持团队成员,并强化那些取得高绩效水平的行为。从外部条件来看,管理层应该给团队提供完成工作所必需的各种资源。

目前团队类型主要有以下几种:

(1) 职能型团队。由一名管理者及来自特定职能领域的若干下属组成。由于在同一职能领域中,因职权、决策、领导以及交互作用这些问题相对来说简单明了。职能型团队经常在他们的特定职能领域进行着改进工作活动或解决具体问题的努力。

(2) 自我管理团队。这种正式的员工群体中没有一个管理者负责整个的或局部的工作流程。自我管理团队负责完成工作,并进行自我管理。具体包括:进行工作计划与日程安排,给各成员分派任务,共同监控工作进度,作出操作性决策,针对问题采取行动。

(3) 虚拟工作团队。虚拟团队是指那些利用计算机技术把实际上分散的成员联系起来以实现共同目标的团队。在虚拟团队中,成员通过宽带网、可视电话会议系统、传真、电子邮件,甚至互联网上的在线会议进行沟通与联系。

(4) 跨职能型团队。这是由来自不同领域的专家组成的一个混合体,目的是并肩作战完成各种各样的任务。

三、组织文化

每个人都具有独特的个性,每个民族都有独特的价值观和行为方式,同样,组织也有指导其成员价值和行动的方式,即组织的文化。

(一) 组织文化的内涵

何为组织文化?组织文化是组织中稳定的价值观,及以此为核心形成的行为规范、道德准则、风俗习惯等。在每个组织中,都存在共同的价值观、信条、仪式、故事和运行的模式,这些决定了组织成员的看法和对周围世界的反应。当遇到问题时,组织文化规定了适当的途径来约束组织成员的行为,对什么是正确的解决方法提供指导。如通用汽车公司被普遍描述为控制程度高的、正规的组织结构,不愿意冒险和变革、对环境反映迟钝的公司,我国大多数国有企业在10年前也基本上这样。相反,惠普公司是一个非正规的、结构松散的、极富人情味的公司。

(二) 组织文化的基本特征

组织文化本质上属于"软文化"管理的范畴,是组织的自我意识所构成的文化体系。组织文化是整个社会文化的重要组成部分,既有社会文化和民族文化的共同属性,也有自己的不同特点。

1. 组织文化的核心是组织价值观

任何一个组织总是要把自己认为最有价值的对象作为本组织追求的最高目标、最高理想或最高宗旨,一旦这种最高目标和基本信念成为统一本组织成员的行为的共同价值观,就会构成组织内部强烈的凝聚力和整合力,成为统领组织成员共同遵守的行动指南。因此,组织价值观制约和支配着组织的宗旨、信念、行为规范和追求目的。从这个意义上来说,组织价值观是组织文化的核心。

2. 组织文化的中心是以人为主体的人本文化

人是组织中最宝贵的资源和财富,也是组织活动的中心和主旋律,因此组织只有充分重视人的价值,最大限度地尊重人、关心人、依靠人、理解人、凝聚人、培养人和造就人,充分调动人的积极性,发挥人的主观能动性,努力提高组织全体成员的社会责任感和使命感,使组织和成员成为真正的命运共同体和利益共同体,这样才能不断增强组织的内在活力和实现组织的既定目标。

3. 组织文化的管理方式是以柔性管理为主

组织文化是以一种文化的形式出现的现代管理方式,也就是说,它通过柔性的而非刚性的文化引导,建立组织内部合作、友爱、奋进的文化心理环境,以及协调和谐的人群氛围,自动地调节组织成员的心态和行动,并通过对这种文化氛围的心理认同,逐渐地内化为组织成员的主体文化,使组织的共同目标转化为成员的自觉行动,使群体产生最大的协同合力。事实证明,由柔性管理所产生的协同力比刚性管理制度有着更为强烈的控制力和持久力。

4. 组织文化的重要任务是增强群体凝聚力

组织中的成员来自五湖四海,不同的风俗习惯、文化传统、工作态度、行为方式、目的愿望等都会导致成员之间的摩擦、排斥、对立、冲突乃至对抗,这往往不利于组织目标的顺利实现。而组织文化通过建立共同的价值观和寻找观念共同点,不断强化组织成员之间的合作、信任和团结,使之产生亲近感、信任感和归属感,实现文化的认同和融合,在达成共识的基础上,使组织具有一种巨大的向心力和凝聚力,这样才有利于组织成员采取共同的行动。

(三) 组织文化的基本要素

从最能体现组织文化特征的角度看,组织文化的基本要素包括以下几点:

1. 组织精神

作为组织灵魂的组织精神,一般是经过精心培养而逐步形成的并为全体组织成员认同的思想境界、价值取向和主导意识。它反映了组织成员对本组织的特征、地位、形象和风气的理解和认同,也蕴涵着对本组织的发展、命运和未来所抱有的理想和希望,折射出一个组织的整体素质和精神风格,成为凝聚组织成员的无形的共同信念和精神力量。组织精神一般是以高度概括的语言精练而成的,如日本松下电器公司的"七精神":"工业报国、光明正大、团结一致、奋发向上、礼节谦让、适应形势、感恩报国"。

2. 组织价值观

组织价值观是指组织评判事务和指导行为的基本信念、总体观点和选择方针。

(1) 调节性。组织价值观以鲜明的感召力和强烈的凝聚力,有效地协调、组合、规范、影响和调整组织的各种实践活动。

(2) 评判性。组织价值观一旦成为固定的思维模式,就会对现实事物和社会生活作出好坏优劣的衡量评判,或者肯定与否定的取舍选择。

(3) 驱动性。组织价值观可以持久地促进组织去追求某种价值目标,这种由强烈的欲望所形成的内在驱动力往往构成推动组织行为的动力机制和激励机制。

组织价值观具有不同的层次和类型,而优秀的组织总会追求崇高的目标、高尚的社会责任和卓越创新的信念。如美国百事可乐公司认为"顺利是最重要的";日本三菱公司主张"顾客第一";日本 TDK 生产厂则坚持"为世界文化产业做贡献"。

3. 组织形象

组织形象是指社会公众和组织成员对组织、组织行为与组织各种活动成果的总体印象和总体评价,反映的是社会公众组织对组织的承认程度,体现了组织的声誉和知名度。组织形象包括人员素质、组织风格、人文环境、发展战略、文化氛围、服务设施、工作场合和组织外貌等内容。其中对组织形象影响较大的因素有五个:服务(产品)的形象、环境形象、成员形象、组织领导者形象和社会形象。

(四) 组织文化的功能

从耗散结构的理论来看,功能是指组织系统影响和改善其他系统以及抵抗与承受其他系统的影响和作用的能力,同时也是系统从其他系统中取得物质、能量、信息而发展自己的能力。组织文化作为一种自组织系统,也具有许多独特的功能。

1. 自我内聚功能

组织文化通过培育组织成员的认同感和归属感,建立起成员与组织之间的相互依存关系,使个人的行为、思想、感情、信念、习惯与整个组织有机地统一起来,形成相对稳定的文化氛围,凝聚成一种无形的合力与整体趋向,以此激发组织成员的主观能动性,为组织的共同目标而努力。正是组织文化这种自我凝聚、自我向心、自我激励的作用,才构成组织生存发展的基础和不断成功的动力。从这个意义上说,任何组织若想取得非凡的成功,其背后无不蕴藏着强大的组织文化作为坚强的后盾。但是,要指出的是,这种内聚的力量不是盲目的、无原则的、完全牺牲个人一切的绝对服从,而是在充分尊重个人价值、承认个人利益、有利于发挥个人才干的基础上而凝聚的群体意识。

2. 自我改造功能

组织文化能从根本上改变员工的旧有价值观念,建立起新的价值观念,使之适应组织正常实践活动的需要。尤其对于刚刚进入组织的员工来说,为了减少他们个人带有的在家庭、学校、社会所养成的心理习惯、思维方式、行为方式与整个组织的不和谐或者矛盾冲突,就必须接受组织文化的改造、叫化和约束,使他们的行为与组织保持一致。一旦组织文化所提倡的价值观念和行为规范被接受和认同,成员就会做出符合组织要求的行为选择,倘若违反了组织规范,就会感到内疚、不安或者自责,会自动修正自己的行为。从这个意义上说,组织文化具有某种程度的强制性和改造性。

3. 自我调控功能

组织文化作为团体共同价值观,并不对组织成员具有明文规定的具体硬性要求,而是一种软性的理智约束,它通过组织的共同价值观不断地向个人价值观渗透和内化,使组织自动地生成一套自我调控机制,以"软约束"操纵着组织的管理行为。这种以尊重个人思想、感情为基础的无形的非正式控制,会使组织目标自动地转化为个体成员的自觉行动,达到个人目标与组织目标在较高层次上的统一。组织文化具有的这种软性约束和自我协调的控制机制,往往比正式的硬性规定有着更强的控制力和持久力,因为主动的行为比被动的适应有着无法比拟的作用。

4. 自我完善功能

组织在不断的发展过程中所形成的文化积淀,通过无数次的辐射反馈和强化,会不断地随着实践的发展而更新和优化,推动组织文化从一个高度向另一个高度迈进。也就是说,组织文化不断的深化和完善一旦形成良性循环,就会持续地推动组织本身的上升发展,反过来,组织的进步和提高又会促进组织文化的丰富、完善和升华。国内外成功组织和企业的事实表明,组织的兴旺发达与组织文化的自我完善是分不开的。

5. 自我延续功能

组织文化的形成是一个复杂的过程,往往会受到社会环境、人文环境和自然环境等诸多因素的影响,因此,它的形成和塑造必须经过长期的耐心尝试和精心培育,以及不断的实践、总结、提炼、修改、充实、提高和升华。同时,正如任何文化都有历史继承性一样,组织文化一经固化形成,就会具有自己的历史延续性而持久不断地起着应有的作用,并且不会因为组织领导层的人事变动而立即消失。

四、集权与分权

(一) 集权和分权的含义

集权就是把较多和较重要的权力集中在组织的高层或几个人手中,分权就是把较多和较重要的权力分散到组织的中下层去。实际上,集权和分权是相对的概念,没有绝对的集权,也没有绝对的分权,只有集权和分权的程度不同。即使是独裁的管理者也要给部下一定的权力,同样,即使是下级参与程度很高的组织,一些重要的权力也要掌握在高层领导人手中。研究权力的分散程度,其目的是要研究适合组织发展的管理模式。

（二）集权制和分权制的特点

按照集权程度的不同,我们可以把组织的管理模式分为集权制和分权制两种。

集权制是集权程度较高的领导方式。其特点是:决策的主体是组织的最高领导者个人或最高领导层,决策的性质是指令性的,组织的下级部门是这种指令的单纯的接受者和执行者。对下级的控制较多,下级的决策多数要经过上级的审核。对于企业来说采取的是统一经营和统一核算的管理模式。

分权制是分权程度较高的领导方式。其特点是:组织的重大决策仍在最高领导层手中,决策主体不仅是最高层,还包括下级部门,中下层有较多的决策权。组织上层的决策多为指导性的,组织各层级之间的决策关系是松散的。上级的控制较少,主要是控制目标和方向性的问题。独立经营,独立核算,下级有一定的财务支配权。

（三）过度集权的弊端

由于我国市场经济体制确立的时间还不长,在我国企业管理实践中,在决策权力的分配上较多地表现为企业管理高层掌握了绝大部分的决策权力,即过度集权。过度集权对于企业的有效运作是大为不利的,其主要弊端表现为:

1. 不利于合理决策

要想快速、正确地做出决策,企业的高层管理者就必须及时、准确地掌握决策相关的信息,并把各项决策与命令及时准确地传达到组织的各个层级。然而,随着组织规模的扩大,过度的集权一方面使得组织的层级拉长,信息传递的速度大大降低,导致决策速度下降;另一方面,信息在组织向上传递的过程之中也会导致信息失真,从而做出错误的决策。

2. 不利于调动下属的积极性

由于实行高度的集权管理,组织的最高层管理者几乎集中了所有的决策权力,而组织中下层管理者成为了单纯的执行者,没有任何决策权、发言权和自主性。这种情况下,一方面下属的积极性和创造性受到了严重的压抑,导致其工作热情低下;另一方面,由于缺乏锻炼的机会,导致中下层管理人员的综合素质无法得到提高,从而影响企业后备人才的培养。

3. 阻碍信息交流

在高度集权的组织里,由于最高管理层与中下层的执行单位之间存在多级管理层次,信息传递的线路长,经过的环节多,从而导致信息在传输过程之中经常出现失真、扭曲的现象,阻碍了信息在组织内的有效交流。

4. 助长组织中的官僚主义

过度集权的管理体制,势必需要制定许多繁琐的办事程序和各种各样的规章制度以确保权力的实现,而这很容易助长官僚主义的作风,使组织机关化,办事公式化,从而使组织失去活力与生气。

五、岗位职责

每个管理人员都应该明白：不管是基层员工还是管理干部，如果不清楚自己要做什么（岗位职责），必然无法开展工作，如果不清楚自己的关键绩效指标，就会让人工作时毫无目标，得过且过，所以管理者必须重视《岗位职责说明书》的编写。

如果您的下属不清楚自己对公司及部门的贡献在哪里，不知道自己的岗位职责任务和绩效重点在哪里，那他就无法很好地协助您，无法帮助您一起分担工作，最终您也无法达成公司给您的目标，所以您必须通过《岗位职责说明书》清晰地界定每个下属的职责是什么，绩效目标是什么。理清部门架构其实就是根据公司分配给自己的目标要求来合理配置自己的人员，做到适人适岗，人尽其才。确定自己管理团队中每个成员的职责及关键绩效是管理者的最基本的要求。

岗位职责说明书（也称职务说明书），通俗的说就是明确在一个工作岗位上的人应当做哪些事，承担哪些责任，把这些内容列成条款，作为企业内该岗位的工作指南，这就是岗位职责说明书。岗位职责说明书为一式三份，一份为用人部门负责人保管，一份为员工自己保管，一份由人力资源部备份保管。

编制岗位职责说明书的目的是通过阅读岗位说明书，便能很快了解该职位的基本信息、任职资格、职责内容、岗位对内对外的接口关系、岗位关键绩效指标项等重要因素，能为企业进行工作评价、人员招聘、绩效考核、确定培训需求、薪酬管理提供依据。

岗位职责说明书的功能有：

1. 为招聘、录用员工提供依据，确定岗位的任职条件

说明书里确定了这个岗位的任职条件，这是招聘工作的基础，招聘需要依照任职条件来选人，岗位职责说明书将作为签订劳动合同的附件。公司决定录用员工后，员工应该承担什么样的责任，以及要负责到何种程度。作为入职培训的教材，新人入职培训时，对于职责内容及绩效重点的培训，最合适的教材就是岗位职责说明书。

2. 对员工进行目标管理

岗位职责说明书是给员工下达目标的凭证。给员工下达目标的凭据就是岗位职责说明书里面规定的职责。例如给人力资源部的培训专员下达的目标是培训的指标，而不能下达薪酬管理的指标。清晰的职责描述非常有利于岗位目标的制定。

3. 是绩效考核的基本依据

岗位职责说明书确定了岗位职责，了解这个岗位有什么职责，才能去考核这个岗位是不是完成了工作目标。岗位职责说明书确定了考核内容，绩效考核的标准应该是根据岗位说明书制定，不能是岗位职责说明书写的是一个样，考核标准又是另一个样。岗位职责说明书中的"关键绩效指标项"为制订绩效考核提供了基础框架。

4. 为企业制定薪酬政策提供依据

决定薪酬的是岗位评价，岗位评价的基础是岗位分析和岗位职责说明书。因此，从根本上说，岗位职责说明书为企业制定薪酬政策提供了重要的依据。缺少了岗位职责说明书，企

业制定薪酬政策将是很困难的。

5. 员工教育与培训的依据

对员工进行培训是为了满足岗位职务的需要,提高员工胜任本岗本职工作的能力。对一些任职条件不足,但其他方面优秀的员工进行教育和培训,提升他的素质,最后使其达到岗位职责说明书的任职要求。识别员工培训需求时,也可围绕岗位职责说明书中对能力、知识、经验要求来界定培训课题。

6. 为员工晋升与开发提供依据

人事考核的主要依据:以员工为对象,以岗位职责说明书的要求为考核依据,通过对员工的综合评价,判断他们是否称职,并以此作为任免、奖罚、报酬、培训的依据。员工晋升路径图的制作依据:职业发展方向是每个人关注的,也是职业生涯规则的重要内容,每一位员工都清楚,只要好好工作将来就能升到什么职位,或需要几年才能达到任职条件。

岗位职责说明书范本(简表),如表2-3所示。

表2-3 岗位职责说明书范本

王三岗位职责说明书

岗位名称		会计	所在部门	办公室
职责概述		1. 审核各类票据凭证,对票据的完整、真实、规范负责 2. 及时登记归类账簿,编制会计报表,主要勾稽关系正确。妥善保管会计档案 3. 积极参与各科室管理,完善内部控制,防范风险。在规范的前提下控制成本、费用支出		
职责细化描述	岗位职责	1. 负责审核各类票据凭证,对据以记账的凭证准确性、及时性负责;有权对输入票据凭证进行规范 2. 对分管的账簿的正确性负责;有权检查有关明细账的数据来源。对编制会计报表,协调各环节与会计报表的核对负责 3. 负责会计核算的内部控制,参与中心运营的风险管理 4. 负责医保、养老、失业等社会保险的核算、申报、交纳及其他相关工作。有权核查基础数据		
	工作任务	1. 每天审核出纳编制的记账凭证,审核所附原始凭证及其业务基础的真实性、合规性,及时登记各类会计账簿,复核账簿、报表等数据的勾稽关系,逐笔复核出纳收付款的准确性,妥善保管印鉴,逐笔复核发票 2. 每月按时编制会计报表,经领导复核后及时对外报送,对凭证、账簿、报表等及时装订、归档,准确核算各类社会保险,及时申报、汇算清缴,对支出进行审核 3. 每年对凭证、账簿、报表等及时装订、归档,准确核算各类社会保险,及时申报、汇算清缴,对支出进行审核,积极配合各类审计,提供所需资料 4. 定期每半年与其他科室对账,进行资产清查 5. 不定期与出纳对账,保证现金、银行存款账实相符,协调与外部的沟通工作		
备注				

职务概述:对某一岗位的总体工作职责和工作性质进行的简要说明,表明该岗位的特点和工作概况。

岗位职责：每个岗位的责任范围应根据本岗位所在的部门或单位的职能分解来确定。通常一个科室的主管要对本科室的全部职能负责,而下属的一个科员可能只对本部门的某几项职能负责。

团队对于一个企业来说至关重要,而团队运行首先需要各个成员之间明确的分工,权责要分明,同时作为企业的主管要懂得如何授权及有效的管理,形成良好的企业文化。组织结构图的绘制可根据企业情况进行拓展,另外完成表2-4的岗位职责说明书的填制工作。

表 2-4　岗位职责说明书

_____岗位职责说明书

岗位名称		所在部门	
职责概述			
职责细化描述	岗位职责		
	工作任务		
备注			

任务总结

岗位职责的确立是进行其他工作的基础,团队合作是否有效,首先需要分工明确,各组队员要根据分配的角色确定自己的岗位职责和内容,为下一步工作做好准备。

任务拓展

创业计划书制作

创业永远是诱人的话题。近年来,为支持大学生创业,国家和各级政府出台了许多优惠政策,涉及融资、开业、税收、创业培训、创业指导等诸多方面,众多大学生也掀起了一浪又一浪的创业热潮,其热情就像火焰一样燃烧,而残酷的商业市场就像海水一样冰冷无情。究竟是火焰能蒸干海水,还是海水能淹没火焰呢?大学生在创业之前,有没有接受失败的准备呢?有没有完成一份创业计划书呢?请准备自己成立公司创业的同学,首先完成一份创业计划书,为你以后的运作做好准备。

【拓展任务资料】

大学生创业应该注意哪些事项?

一、大学生创业的优势

1. 大学生往往对未来充满希望,他们有着年轻的血液、蓬勃的朝气,以及"初生牛犊不怕虎"的精神,而这些都是一个创业者应该具备的素质。

2. 大学生在学校里学到了很多理论性的东西,有着较高层次的技术优势,而目前最有前途的事业就是开办高科技企业,技术的重要性是不言而喻的。大学生创业从一开始就必定会走向高科技、高技术含量的领域,"用智力换资本"是大学生创业的特色和必然之路。一些风险投资家往往就因为看中了大学生所掌握的先进技术,而愿意对其创业计划进行资助。

3. 现代大学生有创新精神,有对传统观念和传统行业挑战的信心和欲望,而这种创新精神也往往造就了大学生创业的动力源泉,成为成功创业的精神基础。

4. 大学生创业的最大好处在于能提高自己的能力、增长经验,以及学以致用;最大的诱人之处是通过成功创业,可以实现自己的理想,证明自己的价值。

二、大学生创业的弊端

1. 由于大学生社会经验不足,常常盲目乐观,没有充足的心理准备。对于创业中的挫折和失败,许多创业者感到十分痛苦茫然,甚至沮丧消沉。大家以前创业,看到的都是成功的例子,心态自然都是理想主义的。其实,成功的背后还有更多的失败。看到成功,也看到失败,这才是真正的市场,也只有这样,才能使年轻的创业者们变得更加理智。

2. 急于求成、缺乏市场意识及商业管理经验的缺乏,是影响大学生成功创业的重要因素。学生们虽然掌握了一定的书本知识,但终究缺乏必要的实践能力和经营管理经验。此外,由于大学生对市场、营销等缺乏足够的认识,很难一下子胜任企业经理人的角色。

3. 大学生对创业的理解仅停留在仅有一个美妙想法与概念上。在大学生提交的相当一部分创业计划书中,许多人还试图用一个自认为很新奇的创意来吸引投资。这样的事以前在国外确实有过,但在今天这已经是几乎不可能的了。现在的投资人看重的是你的创业计划真正的技术含量有多高,在多大程度上是不可复制的,以及市场赢利的潜力有多大。而对于这些,你必须有一整套细致周密的可行性论证与实施计划,决不是仅凭三言两语的一个主意就能让人家掏钱的。

4. 大学生的市场观念较为淡薄。不少大学生很乐于向投资人大谈自己的技术如何领先与独特,却很少涉及这些技术或产品究竟会有多大的市场空间。就算谈到市场的话题,他们也多半只会计划花钱做做广告而已,而对于诸如目标市场定位与营销手段组合这些重要方面,则全然没有概念。其实,真正能引起投资人兴趣的并不一定是那些先进得不得了的东西,相反,那些技术含量一般但却能切中市场需求的产品或服务,常常会得到投资人的青睐。同时,创业者应该有非常明确的市场营销计划,能强有力地证明赢利的可能性。

三、火焰与海水

火焰象征着热情、激情和希望,海水象征着广袤无边、深邃而又冷酷。没有火焰般激情的创业是不可想象的,而往往也会有被市场经济大海吞没的"牺牲品"。市场经济不同情弱者,也不会给任何人实习的机会,大学生创业火焰般的热情是否能够融入市场经济的大潮,当然仅靠热情是远远不够的,创业意味着冒险和付出,也意味着失败和挫折。王选为此付出了十八年在实训室里没有节假日的艰辛,比尔·盖茨苦熬了十七年才有今天的成就。大学生创业其中不乏成功者,但肯定经受了种种挫折和市场经济大潮的考验。在经历了最初的创业冲动和付出之后,越来越多的大学生走向成熟和冷静,对创业和成功有了更深的理解。

首先,心态问题。拥有具备承受风险的良好心态,尤其是对创业风险具有清醒的认识,并充分拥有应对风险的心理准备,是创业成功的必要条件。但是由于大学生受年龄及阅历等方面的限制,未必对创业风险具有清醒的认识,缺乏对可能遭遇到风险的必要准备。在缺乏良好心态的情况下,创业前景也会受到相应不利的影响。

其次,知识限制。创业需要企业注册、管理、市场营销与资金融通等多方面的丰富知识,在缺乏相应知识储备的情况下,仓促创业不仅难以融到必需的资金,而且在残酷的市场竞争中也将处于劣势。

再次,经验限制。受年龄及相应学识的限制,大学生很难拥有关于创业的直接经验与间接经验,创业知识一般也仅限于"纸上谈兵",在这种情况下大学生创业及在公司运营中肯定会遇到各种不可预见的问题,以致创业困难。

第四,技术限制。理工类大学生受学识的限制,拥有可创业的技术的大学生只可能是少数。而对于那些文科类大学生来讲,很难拥有可以创业的技术。技术的缺乏直接限制了大学生创业,在激烈的市场竞争中大学生创业将遭遇较多的困难。

第五,资金问题。由于大学生很难有足够的创业资金,从社会上融资或获取无息及贴息贷款是必然选择。但是大学生创业由于风险较大,较难获得必需的资金。而且一般在获取资金方面也存在两种问题,一是急于获得资金而不惜贱卖技术,二是过于珍惜技术而不肯做出适当的让步。这些问题都决定了在资金方面难以获得相应的资助。

大学生创业项目受到关注。激情与梦想往往是大学生创业的原动力,然而,除了梦想,创业者们还需要准备什么?

1. 做好充分的市场调研

专家认为,创业是一个系统工程,它要求创业者在企业定位、战略策划、产权关系、市场营销、生产组织、团队组建、财务体系等一系列领域有一定的知识积累,大学生有了好的项目或想法,只是代表"创业的长征路"刚跨出了一步,而在大学生创业者中,认为凭一个好的想法与创意就代表一定能创业成功观念的人也不少,而在创业准备时对可能遇到的问题准备不充分或根本就没有思考对策与设计好退出机制,对来自各方面的反面因素浑然不知,而导致一开始便遇到各种各样的难题,使创业者还没有走出多远,即以失败告终。所以创业者不是全才,但要着眼于全才。

2. 团队精神必不可少

团队精神也许是最平常最易懂的管理概念了,但由于大学生这一特定创业群体,一般为年龄在25岁以下的大学生,他们的社会与人生经验都不足,而且处于热血沸腾的感情阶段,个性化、自信力等都较强,所以在团队组建、团队分工、团队规则制度等诸多体现"人与人合作"的工作中,大学生创业者往往会出现"一人是龙,二人是虫"的情形。在实际工作中,大学生常常会出现以己为主、刚愎自用等不利于合作创业的情形。

对此,一个人想独自创业是很难的,因此找到与你志同道合、有创业激情的人组成创业团队是明智之举,一个人的能力再强也干不了全部的事,因此找到合适的合伙人或合作人后合理做好分工,首先要确立未来企业的主心骨也就是核心领导人,同时确定未来企业的四梁八柱,也就是说各个部门的负责人员,在职权分配的过程当中要职责明晰,职务明确责任到人。

在风险投资商看来,再出色的创业计划也具有可复制性,而团队的整体实力是难以复制的,因此他们在投资时,往往更看重有合作能力的创业团队,而非那些徒有想法的单干者。对打算创业的大学生来说,强强合作,取长补短,要比单枪匹马更容易聚集创业优势。

有坚持到底的信心,各种问题也都出现过,如资金不足、市场竞争、经验不足等,从走出校园到现在的确吃了很多的苦也犯过很多错,但同时也得到了很多同龄人得不到的宝贵经验和教训,但是信心从未动摇过。

再充分的创业准备都是不完善的,再周密的商业计划书也难免有没有顾及到的地方,再团结的创业伙伴也会发生摩擦,再厚实的资金也有周转不灵的时候——这些都说明在瞬息万变的创业环境中,能影响创业的不定因素太多了,谁都无法保证在下一个路口能选对方向,所以创业过程中会遇到挫折与失败是再正常不过的事情了。

实训项目三　认知 ERP 沙盘模拟实训经营规则

学习内容

(1) ERP 沙盘模拟实训经营规则；
(2) ERP 沙盘模拟实训运行步骤；
(3) 运行过程中基本要求。

学习目标

1. 知识目标

(1) 了解并掌握 ERP 沙盘模拟实训经营规则；
(2) 熟悉 ERP 沙盘模拟实训基本操作流程；
(3) 熟悉物理沙盘和电子沙盘相关操作。

2. 能力目标

(1) 能够会应用实训经营规则进行前期较为简单的计划工作；
(2) 能够熟练操作电子沙盘以及物理沙盘摆放工作。

任务背景

ERP 沙盘模拟实训体会

很荣幸在此次沙盘模拟中担任了 U07 组的 CEO,我们模拟了公司六年的经营状况。尽管我们的企业在第四年破产了,最终进行了融资,但是我们团队的每一位成员在实训结束之后都非常的开心,因为通过这次模拟实训我们的收获是巨大的。就像老师在总结时说的那样:我们犯的错误是最多的,几乎包含了所有的能犯的错,我们已经没有再可以犯的错误了,我们的收获是最多的。

通过六年的模拟经营,我深深地体会到了自己的知识是多么的有限,要想成为一名企业管理者,我还要加强学习,不断地累积知识和总结社会经验,以便能更好地适应社会的需求。

在运营模拟实训之前,需要对规则进行彻底的熟悉。只有熟悉了规则,你才能灵活运用规则,才能创造出好的业绩。但规则就像法律,需要严格遵守。

经过这次模拟经营实训,我认为要想成为一名优秀的 CEO 必须要做到以下几点:

第一，要有一个好的创意，即 Idea。具体到模拟经营来说，就是在公司的成立大会中，我们必须要确定公司的名称，确定企业的文化，制定企业的发展目标，提出企业的发展愿景，并制定确切的预算。我们公司的名称是：卓越。我们的宣传口号是：卓尔不凡，吴越同舟。从中可以看出我们企业的文化是：追求卓越，团队成员协作。

第二，要有一个好的团队，即 Team。在模拟经营中，作为 CEO 必须带领各位团队成员协作，建立良好的沟通机制，分工与合作相协调，各位队员各司其职，在必要的时候进行换位思考，才能做出正确的决策，使企业在复杂的环境中脱颖而出。在六年的模拟经营中我们做到了有问题共同商讨，分工与合作协调得也不错，但是我们在换位思考方面做得非常的少，导致中途出现了很多的错误。

第三，要把握确切的时机，即 Time。要制定明确的六年计划，并把计划与预算明确到每一个季度，每一个原材料。原料什么时候订购，什么时候才能到货，什么时候进行生产，什么时候产品可以出产，什么时候可以按订单交货等，都需要把握一个确切的时机，进行严密的计算，才能使产品做到 JIT（Just In Time）生产，达到"零库存"，使公司效益达到最大化。

第四，要有强有力的执行力，即 Action。前期的准备只有在执行力的保证之下才会产生效益，如果执行不下去，那么所有的准备都是白费的。这就要求 CEO 组织协调好内部成员，分工与合作明确，做到团队协作，不要出现扯皮的现象。在遇到问题时，能保持开放的心态，共同解决问题。在经营中我们由于操作的失误也给企业带来了不少损失，这也是错误执行力的一个反映。但在我们的公司破产的时候，我们团队的成员都非常的冷静，没有推卸责任，都在找自身的原因，然后马上投入到了我们要融资多少才能使企业在后期的经营中迅速发展壮大的预算中，经过严密的计算之后我们融资了 120M，也为后期我们实现利润增长率达到最大奠定了基础。可见执行力在企业经营中是非常重要的，作为一名 CEO，如何才能保证一个企业的执行力，这是我今后值得研究的一个方向。

虽然以前我已经对 ITTA 的创意逻辑有了一定的了解，但以前了解的知识只是理论知识，并没有觉得它有什么实质的作用，通过这次沙盘模拟实训我才深深地领会了其精髓。起初老师给我们的四个词中的"亲力亲为"我是很不赞同的，因为作为管理者都知道管理的三境界，而亲力亲为是最低的境界，但现在我觉得只有亲力亲为才能领会管理的精髓，亲力亲为是我们学管理积累经验的最有效的途径。"纸上得来终觉浅，要知此事须躬行"，这句话用在这里恰到好处。

实训任务 1　熟悉 ERP 沙盘模拟实训重要规则

公司已经成立，团队也已经组建完成，队员的岗位和职责也已经确定，那么如何来运行，需要遵守哪些规则？规则需要在运行之前进行充分讨论和掌握，才能更好地运用规则。另外，往往在沙盘实训中，由于许多规则在训练初期学员一时难以理解，而到了后期则因为"种种原因"有意或者无意地"忽略",造成竞争经营中的"非公平"现象。因而,熟悉规则并充分应用规则是经营好沙盘首要做的事情。下面请根据规则说明,阐述如何来建立生产线(比如建立全自动生产线),如何安排生产,以及如何进行融资等工作。

任务研修

ERP 沙盘模拟实训规则

一、组织准备工作

队员分工如下:
总裁 CEO   财务总监   财务助理   生产总监   营销(信息)总监   采购总监等
教师提示:团队合作   权责明确   亲力亲为   换位思考

二、企业运营流程及初始状态

企业运营流程须按照竞赛手册的流程严格执行。CEO 按照任务清单中指示的顺序发布执行指令。每项任务完成后,CEO 须在任务项目对应的方格中打勾,不得使用铅笔。

注:请学员自备签字笔、钢笔或圆珠笔。

企业初始状态只有注册资本,企业经营需要从创业开始。

表 3-1　企业经营主要参数

项目	参数	项目	参数
违约扣款百分比	20%	最大长贷年限	5 年
库存折价率(产品)	100%	库存折价率(原材料)	90%
长贷利率	10%	短贷利率	5%
贷款额倍数	3 倍	初始现金(股东资本)	待定
贴现率(1,2 期)	10%(1∶9)	贴现率(3,4 期)	12.5%(1∶7)
管理费	1M/季	紧急采购倍数(产品)	3 倍
紧急采购倍数(原料)	2 倍	最大经营年度	7 年
所得税率	25%	间谍有效时间	8 分钟
选单时间	45 秒		

初始参数:

注意:1M=100 万元;Q 代表一个季度;R1,R2,R3,R4 代表原材料。

三、市场开发

表 3-2 市场开发

市场	开发费	时间	
本地	1M/年	1	开发费用按开发时间在年末平均支付,不允许加速投资 将投资放在准入证的位置处 市场开发完成后,领取相应的市场准入证
区域	1M/年	1	
国内	1M/年	2	
亚洲	1M/年	3	
国际	1M/年	4	

规则说明:每个市场开发每年最多投入 1M,允许中断或终止,不允许超前投资。投资时,将 1M 投入到"市场准入"的位置处。换取准入证后,将其放在盘面的相应位置处。只有拿到准入证才能参加相应市场的订货会。

四、产品研发和生产

(一) 产品研发

要想生产某种产品,先要获得该产品的生产资格证。而要获得生产许可证,则必须经过产品研发。研发需要分期投入研发费用。投资规则如下表 3-3 所示。

表 3-3 产品物料清单

名称	开发费用	开发周期	加工费	直接成本	产品组成
P1	1M/季	2 季	1M	2	R1
P2	1M/季	4 季	1M	3	R2+R3
P3	1M/季	6 季	1M	4	R1+R3+R4
P4	2M/季	6 季	1M	5	R2+R3+2R4

规则说明:产品研发可以中断或终止,但不允许超前或集中投入。已投资的研发费不能回收。开发过程中,不能生产。每季度按照投资额将现金放在生产资格位置。当投资完成后,带所有投资的现金到主裁判处换取生产许可证。只有获得生产许可证后才能开工生产该产品。

（二）材料采购

采购原材料需经过下原料订单和采购入库两个步骤，这两个步骤之间的时间差称为订单提前期，各种原材料提前期如下表 3-4 所示。

表 3-4 原材料采购

名称	购买价格	提前期
R1	1M/个	1 季
R2	1M/个	1 季
R3	1M/个	2 季
R4	1M/个	2 季

规则说明：
(1) 没有下订单的原材料不能采购入库。
(2) 所有下订单的原材料到期必须采购入库。
(3) 原材料入库时必须到交易处支付现金购买已到期的原材料。

五、ISO 认证

表 3-5 ISO 资格认证

认证	9K ISO9000	12K ISO14000	平均支付，认证完成后可以领取相应的 ISO 资格证。可中断投资
时间	2 年	2 年	
费用	1M/年	2M/年	

规则说明：ISO 认证需分期投资开发，每年一次。可以中断投资，但不允许集中或超前投资。

六、厂房和生产线

（一）厂房

表 3-6 厂房

厂房	买价	租金	售价	容量	
	40M	5M/年	40M	6	厂房出售得到 4 个账期的应收款，紧急情况下可厂房贴现，直接得到现金
	30M	3M/年	30M	4	

厂房租入后，一年后可作租转买、退租、续租等处理。

每季均可租或买，并作相应处理，租满一年的厂房在满期的季度，需要用"厂房处置"进行"租转买"、"退租"（当厂房中没有任何生产线时）等处理，如果未加处理，则原来的租用的厂房在当季末自动续租,并缴纳租金。

(二) 生产线

表 3-7 生产线

生产线	购置费	安装周期	生产周期	总转产费	转产周期	维修费	残值
手工线	5M	无	3Q	0M	无	1M/年	1M
半自动	10M	2Q	2Q	1M	1Q	1M/年	2M
自动线	15M	3Q	1Q	2M	1Q	1M/年	3M
柔性线	20M	4Q	1Q	0M	无	1M/年	4M

不论何时出售生产线,价格为残值,净值与残值之差计入损失。

只有空生产线方可转产、出售。

当年建成生产线需要交维修费。

规则说明:

(1) 购买生产线。

购生产线必须按照该生产线安装周期分期投资并安装,如全自动线安装操作可按下表 3-8 进行。

表 3-8 全自动生产线安装

操作	投资额	安装完成
1Q	5M	启动 1 期安装
2Q	5M	完成 1 期安装,启动 2 期安装
3Q	5M	完成 2 期安装,启动 3 期安装
4Q		完成 3 期安装,生产线建成

投资生产线的费用不一定需要连续支付,可以在投资过程中中断投资,也可以在中断投资之后的任何季度继续投资,但必须按照上表的投资原则进行操作。

注:

一条生产线待最后一期投资到位后,下一季度才算且必须算安装完成,安装完成的生产线当季可以投入使用。

生产线投资的时候就必须确定生产何种产品。

生产线安装完成后,必须将投资额放在设备价值处,以证明生产线安装完成。

参赛队之间不允许相互购买生产线,只允许向设备供应商(交易处)购买。

生产线一经开始投资,不允许搬迁移动(包括在同一厂房内的生产线)。

(2)生产线维护。

必须交纳维护费的情况：

生产线安装完成的当年，不论是否开工生产，都必须交纳维护费；

正在进行转产的生产线也必须交纳维护费。

免交维护费的情况：

凡已出售的生产线和新购正在安装的生产线不交纳维护费。

(3)生产线折旧。

每条生产线单独计提折旧，采用平均年限法，各种生产线每年折旧额的计算见下表3-9所示。

表3-9 生产线折旧

生产线	购置费	残值	建成第1年	建成第2年	建成第3年	建成第4年	建成第5年
手工线	5M	1M	0	1M	1M	1M	1M
半自动	10M	2M	0	2M	2M	2M	2M
自动线	15M	3M	0	3M	3M	3M	3M
柔性线	20M	4M	0	4M	4M	4M	4M

完成规定年份的折旧后，生产线可以继续使用，但不用提取折旧。生产线剩余的残值可以保留，直到该生产线变卖为止。当年新建成的生产线不提取折旧。

(4)生产线变卖。

生产线变卖时，将变卖的生产线的残值放入现金区，如果还有剩余的价值（即没有提完折旧），将剩余价值放入"损失"费用，记入当年"综合费用"，并将生产线交还给供应商即可完成变卖。

七、企业融资

银行贷款的品种如下表3-10所示。

表3-10 企业融资

贷款类型	贷款时间	贷款额度	年息	还款方式
长期贷款	每年年初	和为权益三倍	10%	年初付息，到期还本，10倍数
短期贷款	每季度初	和为权益三倍	5%	到期一次还本付息，20倍数
资金贴现	任何时间	视应收款额	1,2期：10%(1:9) 3,4期：12.5%(1:7)	变现时贴息
库存拍卖			产品：100%　原料：80%	

规则说明：

(1) 企业间不允许私自融资，在经营期间，只允许向银行贷款。

(2) 长期和短期贷款信用额度。

长、短期贷款的额度为上年权益的3倍(长短期合计计算贷款额度)。短期贷款必须按20M的倍数申请。如果权益为11～19，只能按10的2倍申请短期贷款，如果上年权益低于10 M，将不能获得短期贷款(只能获得长期贷款)。长期贷款最低的申请额为10M，最低的受信权益为5M，上年权益低于5M的公司，不能申请任何(长期和短期)贷款。

(3) 长、短期贷款的时间

长期贷款每年只有一次，即在每年初(详见运行任务清单)；短期贷款每年为四次，分别为每季度初(详见运行任务清单)。

(4) 贷款规则。

①长期贷款每年必须归还利息，到期还本，本利双清后，如果还有贷款额度时，才允许重新申请贷款。即：如果有贷款需要归还，同时还拥有贷款额度时，必须先归还到期的全部长期贷款，才能申请新贷款。不能以新长贷还旧长贷(续贷)，短期贷款也按本规定执行。

②结束年时，不要求归还没有到期的长、短期贷款。

③长期贷款最多可贷5年。

八、市场订单

(一) 市场预测

是各公司可以信任的客户需求数据，各公司可以根据市场的预测安排经营。

(二) 广告费

投入广告费有两个作用，一是获得拿取订单的机会，二是判断选单顺序。广告分为产品广告和认证广告。

投入1M产品广告费，可以获得一次拿取订单的机会(如果不投产品广告则没有选单机会)，一次机会允许取得一张订单；如果要获得更多的拿单机会，每增加一个机会需要多投入2M产品广告，比如，投入3M产品广告表示有两次获得订单的机会，最多可以获得2张订单。

如果要获取有ISO要求的订单，必须获得ISO认证资格证书，无需再投入广告费。

(三) 选单流程

(1) 各公司将广告费按市场、产品填写在广告登记表中。

(2) 订货会依照本地、区域、国内、亚洲和国际市场的顺序依次召开，在每个市场中依照P1、P2、P3和P4的顺序，依次选单，对于已经结束选单的市场或产品，同一年份中，不允许再进行选单。

(3) 产品广告确定公司对订单的需求量。

(4) 排定选单顺序，选单顺序依据以下顺序原则确定：

由上年本市场销售排名第一(所有产品订单销售额总和第一)的市场老大优先选单;

按某市场、某一产品上投放的广告费的多少,排定本产品的选单顺序;

如果在同一市场、同一个产品投入的广告费用相同时,按照投入本市场的广告费总额,排定选单顺序;

如果该市场广告投入总量也一样时,按照上年在该市场各产品订单总额的排名次序,排定选单顺序;

如果以上情况仍不能确定选单顺序时,系统会按照提交广告费的先后顺序排序。

(5) 按选单顺序分轮次进行选单,有资格的公司在各轮中只能选择一张订单。当第一轮选单完成后,如果还有剩余的订单,还有选单机会的公司可以按选单顺序进入下一轮选单。

注:选择订单时,可以根据能力放弃选择订单的权利,当某一轮放弃了选单后,视为本轮退出本产品的选单,即在本轮中,不得再次选单,对于放弃的机会可以在本市场下一轮选单中使用。

当一个参赛队某次选定了订单之后,在下一个选订单者选定了订单的情况下,不允许其更改已作的选择。

(四) 订单

订单类型、交货要求及取得订单的资格列于下表 3-11。

表 3-11 订单类型及要求

订单类型	交货时间	获得订单资格要求
普通订单	本年度 4 个季度运行中任一规定的交货时间	任何参赛队
ISO9000 订单	本年度 4 个季度运行中任一规定的交货时间	具有 ISO9000 认证资格
ISO14000 订单	本年度 4 个季度运行中任一规定的交货时间	具有 ISO14000 认证资格
加急订单	本年度 1 季度必须交货	

关于订单违约问题

所有订单要求在本年度完成(按订单上的产品数量整单交货)。如果订单没有完成,按下列条款加以处罚:

(1) 普通订单,在本年度最后关账前交纳违约罚款,并收回订单,罚款按订单销售总额的 20%(即销售总额 * 0.2 后向下取整)计算违约金。

(2) 有违约表现(包括加急订单违约但当年交单)的组队,当年的市场地位均下降一级。

九、其他事项

(1) 紧急采购,付款即到货,原材料价格为直接成本的 2 倍;成品价格为直接成本的 3 倍。

(2) 破产标准:现金断流或权益为负。

(3) 交单可提前,不可推后,违约收回订单,同时扣整张订单销售额的 20% 作为违约罚款,从现金中提取。

(4) 违约金扣除——向下取整；库存拍卖所得现金——向下取整；贴现费用——向上取整；扣税——向上取整。

(5) 库存折价拍价，生产线变卖，紧急采购，订单违约记入损失。

各组参赛队需要在每年结束时提交报表（管理费用表、资产负债表、损益表）。

十、评比

比赛结果以参加比赛各队的最后权益、生产能力、资源状态等进行综合评分，分数高者为优胜。评分以最后年的权益数为基数，以生产能力、资源等为加权系数计算而得。

各组得分＝权益＊(1＋总分/100)

总分＝以下分数的总和：

开发完毕并形成销售的市场：区域 10 分　国内 15 分　亚洲 20 分　国际 25 分

完成的 ISO 认证：9000：10 分　　14000：15 分

目前拥有生产线：手工 5 分/条、半自 10 分/条、全自/柔 15 分/条

目前拥有自主产权的厂房：A—15 分、B—10 分、C—5 分

研发完毕并形成销售的产品：P2—5 分、P3—10 分、P4—15 分

在加权系数中，以下情况不能在加权系数中加分：

企业购入的生产线，只要没有生产出一个产品，都不能获得加分。

已经获得各项资格证书的市场、ISO、产品才能获得加分，正在开发但没有完成的，不能获得加分。

在企业运行过程中，对于不能按照规则运行或不能按时完成运行的企业，在最终评定的总分中，给予减分的处罚。

报表罚分：

晚交 1～10 分钟内罚 1 分/分钟；

10～15 分钟 2 分/分钟；

15 分钟之后，由教师强行平账，另外参照报表错误进行罚分（即总共需要罚 40 分，其中 20 分为晚交报表的罚分，另外 20 分为报表错误的罚分）；

报表不平或者账实不符的错误，罚总分 20 分/次。

破产规定：当所有者权益小于零（资不抵债）或者现金断流时为破产。破产后，企业仍可以继续经营，但必须严格按照产能争取订单（每次竞单前需要向老师提交产能报告）。破产的队伍不参加最后的成绩排名，但可以通过增资的方式继续经营，不得退出比赛。每次增资额度为 20M，并对广告额进行严格限制：第二年广告不能超过 5M，第三年广告不能超过 6M，第四年广告不能超过 7M，第五年广告不能超过 7M，第六年广告不能超过 8M，第七年广告不能超过 10M。

任务总结

在沙盘模拟实训中，规则相当于法律，必须遵守，但是可以灵活运用，所以熟悉规则是沙盘运营中企业是否成功的首要因素。完成任务后，想想有哪些启示。

实训任务2　掌握ERP沙盘模拟实训运行流程

沙盘模拟运行规则同学们已经熟悉了，那么在我们的模拟实训室里，如何运行，请根据相关资料，简述一下ERP沙盘模拟运行的过程以及注意事项。

任务研修

一、企业运营流程

企业运营流程须按照经营记录所列任务清单流程严格执行。总经理按照任务清单中指示的顺序发布执行指令。每项任务完成后，总经理须在任务后对应的方格中打勾；并由财务总监在任务后对应的方格内填写现金收支情况；生产总监在任务后对应的方格内填写在产品的上线、下线、结存情况及产品的研发投入情况；采购总监在任务后对应的方格内填写原材料的入库、出库及结存情况；销售总监在任务后对应的方格内填写产成品的入库、出库及结存情况。

每步操作完成后，各队必须将该工作在"系统"中同步记录，即双击对应的任务图标，按照任务执行提示输入相应的数字，然后确定。经系统确认后的操作，便不能退回重做，沙盘上的运行结果必须与"系统"的结果一致，否则，以系统结果为准。

任务清单（见附录）代表了企业简化的工作流程，是企业竞争模拟中各项工作需要遵守的执行顺序。分为年初7项工作，每季18项工作及年末5项工作，另有5项特殊工作可以随时进行。

（一）年初7项工作

1. 新年度规划会议

新的一年开始之际，企业管理团队要制定（调整）企业战略，做出经营计划、设备投资规划、营销策划方案等。具体来讲，需要进行销售预算和可承诺量的计算。

常言道："预则立，不预测废。"预算是企业经营决策和长期投资决策目标的一种数量表现，即通过有关的数据将企业全部经济活动的各项目标具体地、系统地反映出来。销售预算是编制预算的关键和起点，主要是对本年度要达成的销售目标的预测，销售预算的内容是销售数量、价格和销售收入等。

可承诺量的计算：参加订货会之前，需要计算企业的可接单量。企业可接单量主要取决于现库存和生产能力，因此产能计算的准确性直接影响到销售交付。

2. 投放广告

双击系统中广告按钮，显示如图3-1所示。

投放广告					
产品/市场	本地	区域	国内	亚洲	国际
P1	0	0	0	0	0
P2	0	0	0	0	0
P3	0	0	0	0	0
P4	0	0	0	0	0

确认投放

图 3-1 投放广告示意图

请根据产品及市场分别投放广告,每投放 1M 广告费将获得一次选单机会,以后每多投 2M 增加一次选单机会。如:投入 7M 表示最多有 4 次机会,但是能否有 4 次拿单机会取决于市场需求,竞争态势;投入 2M 准备拿一张订单,只是比投入 1M 的优先拿到订单。

在系统中填入广告费的同时,请财务总监登记现金支出,并在盘面中取出相应现金放置于盘面"广告费"处。

当然投放广告的前提是市场必须已经开发,如果尚未开发完成,系统将不允许投放广告,该市场名称显示为红色。

3. 参加订货会选订单/登记订单

广告投放完毕,双击参加订货会,系统出现"等待订货会开始"字样,同时可以查询市场中其他企业本年度广告投放情况。

当所有队伍广告均投放完毕,裁判将开始订货会。

选单过程分为若干个回合,依次为(本地,P1)、(本地,P2)、(本地,P3)、(本地,P4)、(区域,P1)、(区域,P2)……(国际,P3)、(国际,P4)最多 20 回合,每回合选单可能有若干轮,每轮选单中,各队按照排定的顺序,依次选单,但只能选一张订单。当所有队都选完一轮后,若还有订单,开始进行第二轮选单,依次类推,直到所有订单被选完或所有队退出选单为止,本回合结束。

当轮到某一企业选单时,"系统"以倒计时的形式,给出本次选单的剩余时间。在倒计时内必须选单,否则系统视为放弃本回合。

提示: 当屏幕显示的倒计时时间小于等于 5 秒时,有可能造成选单无效。

单击欲选订单,确认后选中。若无合适订单,可以放弃本回合选单。无论是主动放弃还是被动放弃本回合选单,都不影响以后回合选单。

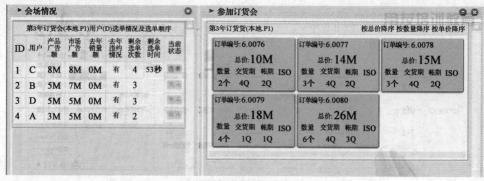

图 3-2 选择订单

订单有五个要素:

a. 数量——要求各企业一次性按照规定数量交货,不得多交,不得少交,也不得拆分交货。

b. 总价——交货后企业将获得一定的应收款或现金。

c. 交货期——是交货的最后期限,可以在该交货时限之前进行交货,但不得延后。如订单规定 3Q 交货,则表示在当年的第 1 季、第 2 季或者第 3 季交货均可。

d. 账期——在交货后过若干季度收到现金。如账期为 2Q,实际在第 3 季度完成交货,则将在下一年第 1 季度更新应收款时收到现金。

注:收现时间从实际交货季度算起,而非订单上规定的交货期。

e. ISO 要求——分别有 ISO9000 及 ISO14000 两种认证,企业必须有具备相应认证方可获得有认证要求的订单,系统将自动判定企业是否拥有该认证。

注:无须对 ISO 单独投放广告。

各企业应根据相应产能、设备投资计划选取订单,避免接单不足导致设备闲置或盲目接单,无法按时交货。

可在系统中双击"订单信息"查询。

4. 支付应付税(所得税)

依法纳税是每个企业及公民的义务。请财务总监按照上一年利润表的"所得税"一项数值取出相应的现金放置于沙盘上"税金"处,会计主管做好现金收支记录。

如果企业本年在弥补前五年亏损之后,仍有盈利,则(盈利部分*所得税率)计入当年应付税金,并在下一年初交纳。如第 1、2、3 年税前利润分别为 $-5M$、$-6M$、$20M$,则第 1、2 年不需要计税,第 3 年计税为 $(-5-6+20)*25\%=2.25M$,则实际支付 $2M$(向下取整)税,并在第 4 年初付现缴纳。

5. 支付长贷利息

累计长贷*长贷利率=应付长贷利息,请财务总监取出相应现金放置于沙盘"利息"处。

6. 更新长期贷款/长期贷款还款

在盘面上将长贷空筒往现金方向推一格(表示一年),从现金库取出到期本金,归还至银行,并作好登记。

提示：

支付应付税、支付长贷利息、更新长期贷款/长期贷款还款所付现金在系统中均与广告费同时扣除，系统将自动判定现金是否足够支付广告费、应付税及长贷本息。

7. 申请长期贷款

如有授信额度，可以申请长贷，长贷申请必须是 10 的倍数。

可申请额度＝上一年所有者权益＊贷款倍数－已有长短贷之和

可在系统中双击申请长贷，填入申请数量及年限。同时需要在交易台获得相应数量现金，作好现金登记；并将空桶置于盘面（1 个空桶表示 20M）长期贷款相应年份位置，作好标记。

（二）每季 18 项工作

1. 季初盘点

财务总监需要核对盘面现金与系统是否相符。在系统中单击当季开始，系统自动完成产成品下线、生产线安装及转产完工。

2. 更新短期贷款/短期贷款还本付息

更新短期贷款：如果企业有短期贷款，请财务总监将空桶向现金库方向移动一格。移至现金库时，表示短期贷款到期。

还本付息：短期贷款的还款规则是利随本清。短期贷款到期时，每桶需要支付 20M×5％＝1M 利息，因此本金与利息共计 21M。财务总监从现金库中取现金，其中 20M 还给银行，1M 放置于沙盘上的"利息"处并作好现金收支记录。

提示： 短期贷款更新及到期本息归还在系统中与当季开始一并操作。

3. 申请短期贷款

短期贷款只有在这一时点上可以进行，财务总监到银行办理贷款手续。可以申请的最高额度为：上一年所有者权益＊贷款倍数－已有长短贷之和。短期贷款申请数量必须是 20 的倍数。

可在系统中双击申请短贷，填入申请数量；并将空桶置于短贷 Q4 位置处，作好标记。

4. 原材料入库/更新原料订单

供应商发出的订货已经运抵企业时，企业必须无条件接受货物并支付原料款。采购总监将原料订单区中的空桶向原料方向推进一格，到达原料库时，向财务总监申请原料款，支付给供应商，换取相应的原料，同时作好现金登记。

在系统中双击更新原料库，在途原料自动向前推进一个提前期，同时系统要求入库的原材料必须确认支付现金，原材料到期必须付现，否则系统不允许通过。

提示： 更新原料库在系统中是必须的操作，即使现付金额为零，也需要确认，只有如此，后面的操作权限方可启动。

5. 下原料订单

采购总监根据年初制订的采购计划，决定采购的原料的品种及数量，每个空桶代表一批原料,将相应数量的空桶放置于对应品种的原料订单处。

提示:在盘面中分呈用红、橙、蓝、绿四种彩币表示 R1、R2、R3、R4 四种原料。

在系统中双击下原料订单,输入各种原料订购数量,并确认。

提示:必须一次性输入各类原料订货数量,该操作一季度只能进行一次。

6. 购买/租用—厂房

厂房为一大(6 条生产线),一小(4 条生产线),企业最多只可以使用一大一小两个厂房。企业在新建生产线之前,必须以买或租的方式获得厂房。且生产线不可以在不同厂房之间移动位置。选择租用,租金在开始租用的季度交付,即从现金处取等量钱币,放在租金费用处,并将一只内放租金额字条的空桶,放在 Q4 应付款处,每季度推进空桶。一年租期到期时,如果决定续租,需再次将相应的现金放在租金处,并将有租金字条的空桶放在 Q4 应付款处(注:并未发生应付款,仅作记账用);如果决定买厂房,取出厂房价值等量现金放置于盘面上厂房价值处。

在系统中,双击购置厂房,可进行相应的操作,系统将自动扣除相应租金或厂房价值。

7. 更新生产/完工入库

由运营总监将各生产线上的在制品推进一格。产品下线表示产品完工,将产品放置于相应的产品库中。

系统中此工作在当季开始自动完成。

8. 新建/在建/转产/变卖—生产线

新建生产线:

投资新设备时,生产总监向指导老师领取新生产线标识及产品标识,生产线标识翻转放置于厂房相应位置,其上放置与该生产线安装周期相同的空桶数,每个季度向财务总监申请建设资金,额度=设备总购买价值/安装周期,财务总监做好现金收支记录。

在系统中双击新建生产线,选择所在厂房、生产线类型、产品类型,确认后系统自动扣除第一笔安装款。

在建生产线:

生产线购买之后,需要进行两期以上投资的均为在建生产线,当需要进行两期以上的投资时,生产总监向财务总监申请建设资金,放置于空桶内,财务总监做好收支记录。

在系统中双击在建生产线,复选需要继续投资的生产线,也可以不选择某条在建生产线,即表示本期不投资。

提示:本操作在系统中一季只能进行一次。

生产线转产:

生产线转产是指生产线转产生产其他产品。不同生产线类型转产所需要的调整时间和资金投入是不同的,可参阅规则。如果需要转产且该生产需要一定的转产周期及转产费用,请生产总监翻转生产线标识,领取新的产品标识,按季度向财务总监申请并支付转产费用放于生产线标识上,停工满足转产周期要求并支付全部转产费用后,再次翻转生产线标识,开始新的生产。财务总监做好现金收支,并将转产费放于盘面相应位置处。

在系统中双击生产线转产,选择需要转产的生产线及转产后生产产品并确认,系统会在当季开始时自动判定转产是否完成。

以自动线为例,转产需要一个周期,共 2M 转产费,在第一季度开始转产,投资 2M 转产费,第二季度完成转产,可以生产新产品。

提示：手工线、柔性线可以生产任何产品,但若需要更换生产产品,在系统中仍需要进行转产操作,但不需要花费时间,也不发生费用。

变卖生产线：

将变卖的生产线按残值放入现金区,其他剩余价值放入"其他损失"费用处,记入当年"综合费用",并将生产线交还给供应商即可完成变卖。

在系统中双击变卖生产线,选择欲变卖的生产线,确认即可。

提示：在建及在产的生产线不可以变卖,转产中的生产线可以变卖。

9. 开始下一批生产

更新生产/完工入库后,某些生产线的在制品已经完工,某些生产线已经建成,可以考虑开始生产新产品。如果有该产品生产资格,由生产总监按照产品结构从原料库中取出原料,并向财务总监申请产品加工费,将上线产品摆放到离原料库最近的生产周期。

系统中双击下一批生产,选择相应空生产线确认生产即可,系统自动扣除原料和现金(加工费),同时判定有无生产资格,如果有一项不符,系统会提示,并且放弃本次上线生产。

提示：

下一批生产前提有三个:原料、加工费、生产资格;

任何一条生产线在产品只能有一个。

10. 更新应收款/应收款收现

财务总监将应收款向现金库方向推进一格,到达现金库时即成为现金,须做好现金收支记录。

在系统中双击"应收款更新",如有应收款到期,则需在系统中输入到期应收款数。如果填入的到期数额大于实际应到数额,则系统不予通过,如果填入的数额小于应收的数额,系统按照实际填写的数额收现(即现金增加),剩余到期未收现的部分,自动记入下一季度应收款。

提示：

如果没有到期的应收款,也要确认更新(值为 0),不做此操作,系统将无法启动后面操作;

本操作为一次性操作,即确认更新后,本季度不能再次操作,并且将关闭应收款更新之前的操作。

11. 按订单交货

营销总监检查各成品库中的成品数量是否满足客户订单要求,满足则按照客户订单交付约定数量的产品给客户。客户检查数量和交货期是否满足订单要求,满足则收货,并按订单上列明的条件支付货款,若为现金(0 账期)付款,营销总监直接将现金置于现金库,财务总监作好现金收支记录;若为应收账款,营销总监将现金置于应收款相应账期处。

在系统中双击按订单交货,选择要交货的订单,系统将自动减少成品库存,增加相应现金或应收款。如果库存不足或交货期已过,系统就不允许交货。

提示:

必须按订单整单交货;

交货必须在订单规定的交货期或之前。

12. 产品研发投资

按照年初制定的产品研发计划,营销总监向财务总监申请研发资金,置于相应产品生产资格位置,并做好现金收支记录。

在系统中双击产品研发,复选本季度欲研发的产品,确认。本操作一个季度只能进行一次。当研发完成,可去管理员处换取相应生产标识。

13. 厂房—出售(买转租)/退租/租转买

如果企业已租或已购买了厂房,可以进行如下处理(系统中双击厂房处理):

(1) 如果已购买的厂房中没有安装生产线,可卖出,增加 Q4 账期应收款,"系统"确认后,将代表厂房价值的现金放置于 Q4 应收账款的位置;

(2) 如果已购买的厂房中有生产线,卖出后增加 Q4 账期应收款(手工操作同上),并自动转为租用,从现金中扣除一年租金(将租金放在租金费用处),记下起租的季度(在应付账款 Q4 处放一只内放租金额字条的空桶);

(3) 如果租用的厂房已满一年,可以进行如下处理:

a. 不论是否有生产线,均可支付现金,转为购买(租转买),此时,只需要按厂房的购买价格(大厂房 40M,小厂房 30M)扣除足量现金即可;

b. 如果厂房中没有生产线,可以选择退租,系统将删除该厂房,在盘面中将相应应付款处空桶取走;

c. 对已租用的厂房继续租用时,可以不执行任何操作,"系统"将自动判定交下一年租金的时间,当季结束时自动从现金中扣除(后面有进一步说明)。

14. 新市场开拓/ISO 资格投资

此步只有每年第四季才允许操作。营销总监向财务总监申请市场开拓/ISO 资格投资费用,财务总监取出现金放置在要开拓的市场及 ISO 认证处。

在系统中双击新市场开拓或 ISO 资格投资,复选要进行开拓的项目,确认即可。

提示:只有每年第四季允许该操作。

15. 支付管理费/更新厂房租金

管理费用是企业为了维持运营发放的管理人员工资、必要的差旅费、招待费等。财务总监取出 1M 摆放在"管理费"处,并作好现金收支记录。

在应付款处如果有租金字条的空桶更新满四季,则需要续租厂房,现金库中取出下一年租金放于盘面租金处。

在系统中单季当季(年)结束,系统将自动扣除管理费,并判定厂房是否需要续租。

提示：系统将在当季（年）结束后自动判定能否获取生产资格，营销总监此时应携带开发费去管理员处换取生产资格。

16. 现金收入合计

财务总监统计本季度现金收入总额。

17. 现金支出合计

财务总监统计本季度现金支出总额。第四季度的统计数字中包括四季度本身和年底发生的。

18. 期末现金对账

财务总监盘点现金余额，并与系统进行核对。

（三）年末5项工作

1. 缴纳违约订单罚款

企业经营，诚信为本，如果未能及时交货，需要接受一定的惩罚，有以下几条：

按订单销售额一定比例缴纳罚款，并直接从现金中扣除，记入当年其他损失；

收回该订单；

即使在该市场完成的销售额最高，也无权获得市场老大地位。

2. 支付设备维修费

已经建成的每条生产线需要支付1M/年的维修费，生产总监向财务总监提出申请，财务总监取出现金放置于盘面"维修费"处，并作好现金收支记录。

提示：当年建成的生产线（不论在哪一季度）需要支付设备维修费。

3. 计提折旧

厂房不计提折旧，设备（生产线）按平均年限法计提折旧，在建工程及当年建成的设备不计提折旧。财务总监从生产净值中取出折旧费放置于盘面"折旧"处。

提示：

当净值等于残值，则无需再提折旧；

折旧与现金流无关。

4. 新市场/ISO资格换证

营销总监检查新市场/ISO资格投资是否已经完成，若完成可携带开发费去管理员处换取相应标识。

5. 结账

财务总监需要编制综合费用表、利润表和资产负债表。

以上五项工作，在第四季单击当年结束，系统将自动完成，同时系统还完成支付管理费、更新厂房租金及检测产品开发完成情况等工作。

年度经营结束之后，管理员会将盘面上的各项成本取走，为来年经营做好准备。系统进入下一年度，等待广告投放。

（四）5项特殊工作（随时可以进行）

1. 紧急采购

有两种情况会用到此功能。

如果下一批生产原材料预定不够,又需要当期使用,可以用成本价的2倍现金采购原料,采购总监提出申请,用一个灰币(现金)换取原料(彩币);另外将一个灰币(现金)置于盘面"其他损失"处。

按订单交货发现产成品库存不足,可以直接成本3倍价格采购,以直接成本价值现金去管理员处换取成品;另将2倍直接成本现金放置于盘面"其他损失"处。

在系统中双击紧急采购,选择相应货品,输入采购数量,确认即完成操作。

2. 出售库存

但现金断流时,可以用此方式融资。产品可以按照成本价售出;原料按照8折的售价售出,即直接成本为10M原料,回收8M现金;若收回现金出现小数则向下取整,如出售直接成本8M原料,回收6M现金。

携带产品或原料到交易处兑换相当于直接成本价值现金,折价部分置于盘面"其他损失"处。

在系统中双击出售库存,选择相应货品,输入出售数量,确认即完成操作。

3. 贴现

不同账期的应收款采用不同的贴现率,1、2期应收款按1:9(10M应收款扣1M贴息,小于10M的贴现均收取1M贴息)的比例贴现,3、4期应收款按1:7(8M应收款扣1M贴息,小于8M的贴现也收取1M贴息)。只要有足够的应收账款,可以随时贴现(包括次年支付广告费时,也可使用应收贴现)。从应收款中取出收现部分放于盘面"现金"处,其余放于"贴息"处。

双击系统贴现操作,可选贴某一账期的应收款,输入贴现的金额,然后确认贴现即可。

提示:可将1、2期应收款加总贴现,如1期贴4M,2期贴6M,则总共扣1M贴息;3、4期操作相同。

4. 厂房贴现

正常情况下出售厂房后,直接转入4Q的应收账款。但在急用的情况下,且操作步骤没有轮到变卖厂房的操作时,可以利用本功能直接将厂房的价值按照4Q应收账款贴现(按1:7的比例)。可将厂房价值分别转入现金、租金及贴息处。

例:如果紧急出售有生产线的大厂房,将实际转入现金30M,其中5M转入贴现费用、5M转入厂房租金。如果紧急出售的大厂房中无生产线,则将转入现金35M。

在系统中双击"厂房贴现"图标,确认即可完成操作。

5. 间谍

市场竞争,信息的价值不言而喻,系统中设置了间谍功能,支付一定的信息费(或免费),可在规定时间内查看其他企业产品开发、市场开发、ISO开发、生产线建设等情况。

二、操作任务汇总表

为了便于迅速掌握操作,将任务清单中所有操作特点列出,便于查询。

表 3-12 操作任务清单

手工操作流程	系统操作对应按钮	系统操作要点	系统操作次数限制
新年度规划会议			
投放广告	投放广告	输入广告费确认	1次/年
参加订货会选订单/登记订单	参加订货会	选单	1次/年
支付应付税	投放广告	系统自动	1次/年
支付长贷利息	投放广告	系统自动	1次/年
更新长期贷款/长期贷款还款	投放广告	系统自动	1次/年
申请长期贷款	申请长贷	输入贷款数额并确认	不限
季初盘点(请填余额)	当季开始	产品下线,生产线完工(自动)	1次/季
更新短期贷款/短期贷款还本付息	当季开始	系统自动	1次/季
申请短期贷款	申请短贷	输入贷款数额并确认	1次/季
原材料入库/更新原料订单	更新原料库	需要确认金额	1次/季
下原料订单	下原料订单	输入并确认	1次/季
购买/租用—厂房	购置厂房	选择并确认,自动扣现金	不限
更新生产/完工入库	当季开始	系统自动	1次/季
新建/在建/转产/变卖—生产线	新建生产线,在建生产线,生产线转产,变卖生产线	选择并确认	新建/转产/变卖——不限,在建——1次/季
紧急采购(随时进行)	紧急采购	随时进行输入并确认	不限
开始下一批生产	下一批生产	选择并确认	不限
更新应收款/应收款收现	应收款更新	需要输入到期金额	1次/季
按订单交货	按订单交货	选则交货订单确认	不限
产品研发投资	产品研发	选择并确认	1次/季
厂房—出售(买转租)/退租/租转买	厂房处理	选择确认,自动转应收款	不限
新市场开拓/ISO资格投资	市场开拓,ISO投资	仅第四季允许操作	1次/年
支付管理费/更新厂房租金	当季(年)结束	系统自动	1次/季
出售库存	出售库存	输入并确认(随时进行)	不限
厂房贴现	厂房贴现	随时进行	不限
应收款贴现	贴现	输入并确认(随时进行)	不限
——	间谍	确认(随时进行)	不限

续表

手工操作流程	系统操作对应按钮	系统操作要点	系统操作次数限制
缴纳违约订单罚款	当年结束	系统自动	1次/年
支付设备维修费	当年结束	系统自动	1次/年
计提折旧	当年结束	系统自动	1次/年
新市场/ISO 资格换证	当年结束	系统自动	1次/年
结账	当年结束	系统自动	1次/年

注意事项：

（1）需要付现操作系统均会自动检测，如现金不够，则无法进行下去。

（2）请注意更新原材料和更新应收款两个操作，它们是其他操作的开关。

（3）市场开拓与 ISO 投资仅第四季度可操作。

（4）广告投放完，通过查看订货会可知道其他企业广告投放情况，选单完成后就不可查看。

（5）电子沙盘流程控制更严格，不允许任意改变经营流程表顺序，特别是对经营难度有影响的顺序，如必须先还旧债再借新债。

（6）某些工作在物理沙盘上是自动完成，而在电子沙盘是系统自动完成，比如支付利息、扣管理费等。

（7）某些信息在电子沙盘中被隐藏，需要经营者更好地记录，如应收账款。

三、学生端登录系统

（1）打开 Internet Explorer 浏览器。

（2）在地址栏输入 http://服务器地址或服务器机器名/member/login.asp，进入创业者系统。

（3）点击创业者标志图，进入学生端登录对话框。

（4）一个虚拟企业一个账号，如 U01、U02 等，初始密码为 1，首次登录均需填写公司相关信息。

任务总结

ERP 沙盘有物理沙盘和电子沙盘两种操作方式，这两种沙盘操作存在一定的差别，需要同学认真仔细的运行，特别是电子沙盘一旦操作完成无法返回，需要确定好再来运行，不懂的地方及时问老师。

实训项目四　企业战略规划的制定

学习内容

（1）企业战略管理理论；
（2）企业核心价值观和核心目标；
（3）战略性计划及远景与使命陈述的作用；
（4）基本竞争战略、扩张战略和防御性战略。

学习目标

1. 知识目标

（1）了解企业战略管理基本理论；
（2）熟悉企业目标和使命的制定过程；
（3）熟悉 SWOT 分析内容；
（4）熟悉波士顿矩阵内容。

2. 能力目标

（1）能够完成公司目标和使命的制定；
（2）能够完成 SWOT 矩阵内容；
（3）能够完成波士顿矩阵内容；
（4）能够制定企业整体战略。

任务背景

在实训过程中，很多同学无法很好地制定企业经营战略规划，而这个年初的工作如果做得不好，会影响到企业以后整个的经营，很多企业往往总是走一步看一步，没有规划和计划，有的时候很多队员在年初的经营战略规划商议环节中总是"热热闹闹"地讨论很长时间，最后只不过填写了一个广告计划方案，至于这个方案究竟如何，各个不同角色应当怎样考虑自己的工作，都无法进行评价和说明，那么"企业经营战略规划"到底应该怎么进行，每个人每个团队都需要认真思考。

实训任务1 公司目标和使命的制定

参加 ERP 沙盘大赛的各组公司已经成立完成,团队已经组建完成,规则也已经学习和熟悉,那么各组作为一家有限公司,该公司的目标和使命是什么,该如何来制定?请根据相关资讯信息,完成公司目标和使命的建设工作。

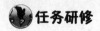**任务研修**

一、计划

计划是所有管理职能中最基本的方面,古人所说"运筹帷幄",就是对计划职能的形象概括。任何管理人员都必须制定计划,管理者必须计划一系列的事情,如新产品的研发及生产、新产品的销售、产品的定价、人员的雇用、资金的筹集等。对美国 500 家大型企业组织的调查表明,他们当中有 94% 的企业都进行长期计划。

计划工作有广义和狭义之分。广义的计划工作包括制定计划、执行计划和检查计划的执行情况等整个过程。狭义的计划工作则是指制订计划。计划工作,就是根据组织内外部的实际情况,权衡客观需要和主观的可能,通过科学地预测,提出在未来一定时期内组织所要达到的目标以及实现目标的方法。计划工作的内容可用"5W1H"来表示,即决定做什么(What)、讨论为什么要做(Why)、确定何时做(When)、何地做(Where)、何人做(Who)以及如何做(How)。

随着生产技术日新月异,生产力水平的提高,生产规模的不断扩大,分工与协作的程度空前提高,社会组织的活动不但受到内部环境的影响,还要受到外来许多因素的影响和制约,组织要不断地适应这种复杂的、变化的环境,只有科学地制定计划才能协调与平衡多方面的活动,求得本组织的生存和发展。一个好的计划即科学性、准确性很强的计划,对于我们的工作将起到事半功倍的作用;相反,若是一个科学性、准确性很差的计划,则会使我们的工作事倍功半,甚至一无所得。因此,制定计划的工作是十分重要的。具体地说,计划的作用主要表现在以下四个方面:

(1) 计划是管理者开展活动的有力依据,有利于各级管理人员和全体职工把注意力集中实现整体目标。

管理者开展活动要根据计划来进行。他们分派任务,根据任务确定下级的权力和责任,促使组织中的全体人员的活动方向趋于一致而形成一种复合的、巨大的组织行为,都需要根据计划来进行。正是由于周密细致全面的计划工作统一了部门之间的活动,才使主管人员从日常的事务中解脱出来,而将主要精力放在随时检查、修改、扩大计划以及组织整体目标的实现上。

(2) 计划是管理者降低风险的手段,有利于减少不肯定性因素和变化带来的不利影响。

当今世界正处于剧烈变化的时代,社会在进步,组织在变革,科学技术日新月异,人们的价值观念在不断变化,国家的方针政策在不断调整。这些变化对管理而言,既可能是机会也可能是风险,管理者可以通过科学有效的计划来降低风险、掌握主动权。管理者可以针对未来的变化进行预测,根据过去的和现在的信息来推测将来可能出现哪些变化,这些变化将对达成组织目标产生何种影响,在变化确定发生的时候应该采取什么对策,并制定出一系列的备选方案,一旦出现变化,就可以及时采取措施,不至于无所适从。通过计划工作,进行科学的预测可以把将来的风险降低到最低程度,抓住机会,保持主动,减少不肯定性因素和变化带来的不利影响。

(3) 计划是管理者提高效益的重要方法,有利于更经济地进行管理。

有了计划,它用共同的目标,明确的方向来代替不协调的、分散的活动,用均匀的工作流程代替不均匀的工作流程,以及用深思熟虑的决策代替仓促草率的判断,从而实现对各种生产要素的合理分配,使人力、物力、财力紧密结合,取得更大的经济效益。计划工作有利于用最短的时间完成工作,减少迟滞和等待时间,减少盲目性所造成的浪费,促使各项工作能够均衡稳定的发展。计划将组织活动从时空角度进行分解来对现有资源的使用进行合理地分配,通过规定组织的不同部门在不同时间从事何种活动、告诉人们何地需要多少数量的资源,从而为组织筹集资源提供依据,使组织的可用资源充分发挥作用,并降低成本,有利于更经济地进行管理。

(4) 计划为管理者进行控制提供标准,有利于控制。

计划和控制是一个事物的两个方面,它们是管理的一对孪生子。未经计划的活动是无法控制的,因为控制就是纠正脱离计划的偏差,以保持活动的既定方向。主管人员如果没有计划规定的目标作为测定的标准,就无法检查其下级完成工作的情况;如果没有计划作为标准,就无法测定控制活动。计划为控制工作提供了标准,没有计划指导控制就会变得毫无意义。

根据划分标准的不同,计划可以划分为各种不同的类型。表 4-1 列出了按不同的标准划分的计划类型。

表 4-1 计划的类型

分类标准	类型
职能	业务计划、财务计划、人事计划
时间期限的长短	短期计划、中期计划、长期计划
计划内容的详尽程度	具体计划、指导性计划
综合性程度(涉及经营范围和时间长短)	战略计划、战术计划
不同的表现形式	宗旨、目标、战略、政策、规则、程序、规划、预算

二、宗旨

任何组织都有其特定的宗旨。宗旨规定了组织生存的目的和使命,这种目的和使命反映社会对该组织的基本要求。例如,研究院(所)的宗旨是科学研究,大学的宗旨是教书育人和科学研究,医院的宗旨是治病救人,企业的宗旨是从事生产和服务。对于旨在为社会提供有经济价值的产品或服务而开展经营活动的企业组织来说,有关宗旨主要包括两方面:

(一)经营理念

经营理念,亦称经营哲学,它为企业的经营活动规定了价值观、信念和指导原则。例如,企业在经营过程中是否应该"利润唯上",还是要兼顾社会责任;"义"与"利"的关系应该遵循什么样的原则来处理,等等。企业经营哲学的确定,一方面取决于企业创办者的意图,另一方面也与整个社会的商业伦理有关。通用公司每位员工都有一张"通用电气价值观"卡。卡中对领导干部的警诫有9点:痛恨官僚主义、开明、讲究速度、自信、高瞻远瞩、精力充沛、果敢地设定目标、视变化为机遇以及适应全球化。Walt Disney公司的核心价值观是不许悲观失望,弘扬和宣传健康向上的美国文化,创新,梦想,想象,对工作充满热情,细致入微,持之以恒永远保持迪斯尼公司的神奇形象。

(二)使命

即规定这家企业究竟从事的是什么事业,经营业务的范围为多大。确定企业的使命,应当明确而仔细地规定出这一企业应该干什么和不应该干什么。例如一家中型企业将它的使命表述为:"我们的业务是在世界范围内向非家用空调市场提供空调系统的部件和维修服务。"从该企业的使命陈述中可以看出,这家企业并不供应空调系统,也不介入家用的空调器市场。经营成功的企业首先在于有明确的使命。例如:沃尔玛——天天低价;阿里巴巴——让天下没有难做的生意;英特尔公司的使命是"在工艺技术和营业这两方面都成为并被承认是最好的,是领先的,是第一流的";康柏计算机公司的使命是"成为所有客户细分市场上个人电脑和个人电脑服务最主要的供应商";中国平安人寿保险公司的使命是"对客户负责,服务至上,诚信保障;对员工负责,生涯规划,安家乐业;对股东负责,资产增值,稳定回报;对社会负责,回馈社会,建设国家"。企业使命或经营范围的确定需要综合考虑各产业领域的潜力与前景,尤其是顾客需求变化产生的市场容量和结构的变化,以及在有关领域中成功经营所需要条件和关键要素与企业自身拥有的资源和实力状况的匹配程度等各方面的因素。

没有明确企业的使命,企业将会有怎样的命运?请看这样一个案例。百龙矿泉壶曾在20世纪90年代初期喧嚣一时,由于企业发展势头强劲,更多的企业开始生产矿泉壶,矿泉壶市场竞争加剧。意想不到的是,消费者的兴趣发生了变化——想得到比矿泉壶更好的净化水的产品。然而,百龙公司的管理者们并没有察觉到这个变化,等到感觉到这个变化时,百龙已经陨落了。百龙总裁孙寅贵在企业失败后所写的《总裁的检讨》一书中,回忆到:"我那时给企业定位是'生产矿泉壶'的行业,现在来看,其实我的企业本质是在'生产矿泉水'。如果我能早些认识到我是生产'水'的行业,而不是生产'壶'的行业,我很可能就会是中国最早的矿泉水公司了。"

使命陈述的要求:

A. 清楚、简明,描述组织的性质和所从事的业务。例如:麦肯锡的使命是帮助别的组织更成功,说明它的业务是咨询;华为的使命是追求在电子信息领域实现顾客的梦想,说明它的业务是在电子信息产业。

B. 立意深刻,满足组织的可持续发展竞争力的要求。例如:迪斯尼的使命定位是让人们快乐,这样,它的业务就不仅仅限于"米老鼠和唐老鸭",而是不断发展各种娱乐产品和娱乐服务。因此,使命表述应以"需求导向"而不是"产品导向"。比如,埃克森公司:使命强调"提供能源",而不是"出售石油和天然气";哥伦比亚电影公司:旨在"提供娱乐活动",而不是"经营电影业"。

请听下面的歌谣,看歌谣中说的能不能让我们发现新的东西。

"不要给我衣服,我要的是迷人的形象。

不要给我鞋子,我要的是两脚舒服、走路轻松。

不要给我房子,我要的是安全、温暖、干净和快乐。

不要给我书籍,我要的是阅读的愉悦和知识的力量。

不要给我磁带,我要的是美妙动听的乐曲。

不要给我工具,我要的是用它创造美好物品的快乐。

不要给我家具,我要的是舒适、美观和方便。不要给我东西,我要的是想法、情绪、气氛、感觉和收益。

请——不要给我东西。"

事实上,正如歌谣中所表达的,组织使命所要表达的核心思想,就是产品或服务对顾客功用的承诺。关于这一点,德鲁克早就有非常精辟的论述。他说:是顾客决定了企业应当经营什么。……企业想要生产什么不是最重要的,尤其对企业的未来和成功不是最重要的。决定企业经营什么、生产什么,以及企业是否兴旺的,是顾客想买什么和珍视什么。顾客所购买的和珍视的永远不是产品,而是效用,即产品或服务对他们的功用。顾客是企业的基础,是顾客决定了企业的存在。

C. 可能的情况下,使命陈述也应该富有趣味。例如:奥梯斯电梯公司的使命是"以极高的可靠性,让顾客享受上上下下的乐趣"。

使命陈述可以是几个简明的条文,也可以是一段文字;使命陈述可以是总公司一级的,也可以是分公司一级的,也有公司的每一个职能部门都有自己的使命陈述。

远景和使命陈述回答的是"我们想成为什么和我们的使命是什么"。Sony公司在1950年代的远景和使命陈述有:核心价值观为弘扬日本文化,提高国家地位,作为开拓者,不模仿别人,努力做看似不可能的事情,尊重和鼓励每个人的才能和创造力;核心目标是享受有益于公众技术革新和技术应用所带来的真正乐趣;宏伟、大胆、有难度的目标(10～30 years):成为改变日本产品质量低劣的世界形象的最著名的公司,制造一种袖珍晶体管收音机。其生动逼真的描述内容有我们将生产遍及全球的产品……我们要成为进入美国市场并在那里直接销售的第一个日本公司……我们要由创新获取成功,而这些创新美国公司却未能获得成功,比如晶体管收音机……从现在起的 50 年,我们的品牌要在世界范围内家喻户晓……并且创新与质量能与任何最富创新精神的公司相媲美……"日本制造"将意味着品质优良,而非质量低劣。

(三) 目标

目标是根据组织的使命而提出的组织在一定时期内或人们从事某项活动所要达到的预期成果。不同的社会组织由于性质和任务等的不同,其组织目标也有差异。例如,政府的目标是为人民提供最佳的服务,以完成公众的需要为前提。政治和社会团体组织、教育组织、卫生组织、新闻文化事业组织、体育事业组织、科研组织、福利组织等非营利组织也有其特定的目标。从管理学的角度看,企业(组织)的目标具有独特的属性,通常称为 SMART 的特性,即目标一定要具体明确(Specific)、可以度量或测量(Measurable)、可以实现(Achievable)、相互关联的(Relevant)、规定时间的(Time bond)。一个企业的目标往往涉及经济、社会、环境或政治等各个方面。3M 公司目标是:每股收益平均年增长率 10% 或 10% 以上,股东权益回报率 20%—25%,营运资金回报率 27% 或 27% 以上,至少有 30% 的销售额来自于最近四年推出的产品。波音公司:尽我们所能来获得高利润,保持股东的年平均收益率为 20%。

组织目标,具有重要作用,具体来说,可以归纳为以下四点:

(1) 组织目标的导向作用。

管理是指一定组织中的管理者,通过实施计划、组织、人员配备、指导与领导、控制等职能来协调他人的活动,使别人同自己一起实现既定目标的活动过程。由此可见,如果不是实现一定的目标,就无需管理,组织目标对组织活动具有导向作用,为管理指明了方向。

正如德鲁克在《管理的实践》一书中指出,企业的目的和任务,必须化为目标,企业的各级主管必须通过这些目标对下级进行领导,以此来达到企业的总目标。如果一个领域范围没有特定的目标,则这个领域范围必定被忽视;如果没有方向一致的分目标来指导各级主管人员的工作,则企业规模越大,人员越多时,发生冲突和浪费的可能性就越大。

一个组织是否能够有效地完成其使命,其关键因素之一是在于组织的目标是否正确、可行。一个组织首先要设定其正确且可行的目标,根据目标来分配工作,开展业务,组织运行才会有效。

(2) 组织目标的凝聚作用。

组织是一个社会协作系统,它必须对其成员有一种凝聚力。组织凝聚力的大小受到多种因素的影响,其中的一个因素就是组织目标。当组织目标充分体现了组织成员的共同利益,并能够与组织成员的个人目标取得最大程度和谐一致时,就能够极大地激发组织成员的工作热情、献身精神和创造力。如果组织能确立科学有效的总目标,然后进行层层分解,在工作中各单位及相关人员根据总目标要求,进行合理调整,就可以知道本部门的工作定位,合理安排自己的进度,同时也可以有效地与其他部门配合,从而产生组织目标的凝聚作用。

(3) 组织目标的激励作用。

组织目标的激励作用主要体现在提供鼓舞、支撑和满足感等方面。

组织目标订立之后,该目标就可以成为员工自我激励引导的标准。一方面个人只有明确了目标才能调动起潜在能力,创造出最佳成绩;另一方面个人只有达到了目标后,才会产生成就感和满意感。组织目标也可以成为组织团队激励的基础,激发员工的合作意识。组织确立目标之后,就使组织团队人员有所遵循,当所有的团队人员皆在同一目标下共同工作时,团队人员的凝聚力必然加强,就会产生团队激励的效果,培养团队的合作意识与团队精神。

(4)组织目标的考核评价作用。

组织目标为各单位各人员工作绩效的考评提供正确的标准和准绳。大量管理实践表明,以上级的主观印象和对下级主管人员的价值判断作为对员工绩效的考核依据是不客观、不科学的,因而不利于调动员工积极性。正确的方法应当是根据明确的目标进行考核。当工作完成后,有关人员即可依据原订目标加以考核,看其工作成果是否与原订目标相符。这种考核比较客观公正,考核结果也较具有信任和说服力。

任务总结

公司运营首要的工作是做好目标规划,定义好使命,有了目标才能指导具体行动,在此次任务完成之后,可以进行组间讨论和评比。

实训任务2　完成 SWOT 分析

如何了解企业内外部环境,SWOT 分析是一种非常有用的工具。到目前为止,已对企业的目标和使命进行了描述和说明,ERP 沙盘模拟实训课程也在进行中。那么,在实训过程中,企业沙盘运行一年之后,把本企业的情况和其他企业进行比较,分析本企业内部的优势和劣势都有哪些,外部的机会和威胁来自于哪里,请根据相关知识,完成目前企业的 SWOT 分析。

任务研修

一、SWOT 分析法简介

SWOT 分析法又称态势分析法。早在20世纪80年代初由旧金山大学的管理学教授提出来的,SWOT 分析法是一种能够较客观而准确地分析和研究一个单位现实情况的方法。

SWOT 分析是把组织内外环境所形成的机会(Opportunities)、风险(Threats)、优势(Strengths)、劣势(Weaknesses)四个方面的情况,结合起来进行分析,以寻找制定适合组织实际情况的经营战略和策略的方法。SWOT 分析方法从某种意义上来说隶属于企业内部分析方法,即根据企业自身的既定内在条件进行分析。

S(Strength,优势)是组织机构的内部因素,具体包括:有利的竞争态势;充足的财政来源;良好的企业形象;技术力量;规模经济;产品质量;市场份额;成本优势;广告攻势等。

W(Weakness,弱势)是指在竞争中相对弱势的方面,也是组织机构的内部因素,具体包括:设备老化;管理混乱;缺少关键技术;研究开发落后;资金短缺;经营不善;产品积压;竞争力差等。

O(Opportunity,机会)是组织机构的外部因素,具体包括:新产品;新市场;新需求;市场壁垒解除;竞争对手失误等。

T(Threat 威胁)也是组织机构的外部因素,具体包括:新的竞争对手;替代产品增多;市场紧缩;行业政策变化;经济衰退;客户偏好改变;突发事件等。

SWOT 分析具有显著的结构化和系统性的特征。就结构化而言,首先在形式上,SWOT 分析法表现为构造 SWOT 结构矩阵,并对矩阵的不同区域赋予了不同分析意义;其次内容上,SWOT 分析法的主要理论基础也强调从结构分析入手对企业的外部环境和内部资源进行分析。另外,早在 SWOT 诞生之前的 20 世纪 60 年代,就已经有人提出过 SWOT 分析中涉及到的内部优势、弱点、外部机会、威胁这些变化因素,但只是孤立地对它们加以分析。SWOT 方法的重要贡献就在于用系统的思想将这些似乎独立的因素相互匹配起来进行综合分析,使得企业战略计划的制定更加科学全面。

SWOT 方法自形成以来,广泛应用于企业战略研究与竞争分析,成为战略管理和竞争情报的重要分析工具。分析直观、使用简单是它的重要优点。即使没有精确的数据支持和更专业化的分析工具,也可以得出有说服力的结论。但是 SWOT 不可避免地带有精度不够的缺陷。例如 SWOT 分析采用定性方法,通过罗列 S、W、O、T 的各种表现,形成一种模糊的企业竞争地位描述。以此为依据作出的判断,不免带有一定程度的主观臆断。

二、SWOT 分析步骤

(一) 分析因素

运用各种调查研究方法,分析出企业所处的各种环境因素,即外部环境因素和内部环境因素。外部环境因素包括机会因素和威胁因素,它们是外部环境中直接影响企业发展的有利和不利因素,属于客观因素。内部环境因素包括优势因素和弱点因素,它们是企业在其发展中自身存在的积极和消极因素,属主观因素。在调查分析这些因素时,不仅要考虑企业的历史与现状,而且更要考虑企业未来的发展。

(二) 构造矩阵

将调查得出的各种因素根据轻重缓急或影响程度等进行排序,构造 SWOT 矩阵。在这个过程中,要将那些对企业发展有直接的、重要的、大量的、迫切的、久远的影响因素优先排列出来,而将那些间接的、次要的、少许的、不急的、短暂的影响因素排在后面。

表 4-2　SWOT 业务策略矩阵

	优势(S)	劣势(W)
机会(O)	SO 战略:增长型战略(依靠内部优势,利用外部机会,创建最佳业务状态)	WO 战略:扭转型战略(利用外部机会,克服内部劣势,机不可失)
威胁(T)	ST 战略:多种经营战略(依靠内部优势,回避外部威胁,果断迎战)	WT 战略:防御型战略(减少内部劣势,回避外部威胁,休养生息)

SO战略是一种发展企业内部优势与利用外部机会的战略,是一种理想的战略模式。当企业具有特定方面的优势,而外部环境又为发挥这种优势提供有利机会时,可以采取该战略。例如良好的产品市场前景、供应商规模扩大和竞争对手有财务危机等外部条件,配以企业市场份额提高等内在优势可成为企业收购竞争对手、扩大生产规模的有利条件。

WO战略是利用外部机会来弥补内部弱点,使企业改变劣势而获取优势的战略。存在外部机会,但由于企业存在一些内部弱点而妨碍其利用机会,可采取措施先克服这些弱点。

ST战略是指企业利用自身优势,回避或减轻外部威胁所造成的影响。如竞争对手利用新技术大幅度降低成本,给企业带来很大成本压力;同时材料供应紧张,其价格可能上涨;消费者要求大幅度提高产品质量;企业还要支付高额环保成本等等,但若企业拥有充足的现金、熟练的技术工人和较强的产品开发能力,便可利用这些优势开发新工艺,简化生产工艺过程,提高原材料利用率,从而降低材料消耗和生产成本。另外,开发新技术产品也是企业可选择的战略。新技术、新材料和新工艺的开发与应用是最具潜力的成本降低措施,同时它可提高产品质量,从而回避外部威胁影响。

WT战略是一种旨在减少内部弱点,回避外部环境威胁的防御性战略。当企业存在内忧外患时,往往面临生存危机,降低成本也许成为改变劣势的主要措施。

(三) 制定计划

在完成环境因素分析和SWOT矩阵的构造之后,便可以制定相应的行动计划了。制定计划的基本思路是:发挥优势因素,克服弱点因素,利用机会因素,化解威胁因素;考虑过去,立足当前,着眼未来。运用系统分析的方法,将排列与考虑的各种因素相互联系并加以组合,得出一系列企业未来发展的可选择对策。

任务总结

SWOT分析是进行市场分析、战略分析的重要工具,在完成任务过程中,每年由于公司运营变化,需要及时进行总结和调整。

实训任务3 构造波士顿矩阵

ERP沙盘模拟实训运营完一年之后,同学往往忽视"产品定位"的概念,当小组经营不善时,很多同学将问题简单地介绍为销售订单太少、广告费用太高、贷款能力不够等层面,但小组中真正的问题究竟如何呢?有无最应当关注的因素被忽略?那么如何度量出每个产品对企业的"贡献"值大小能及时反映该信息呢?采用波士顿矩阵是比较好的解决办法。下面请根据企业运行具体情况,构造波士顿矩阵。

任务研修

一、波士顿矩阵简介

波士顿矩阵(BCG Matrix：Boston Consulting Group)，又称市场增长率—相对市场份额矩阵、波士顿咨询集团法、四象限分析法、产品系列结构管理法等，它是由美国著名的管理学家、波士顿咨询公司创始人布鲁斯·亨德森于1970年首创的一种用来分析和规划企业产品组合的方法。这种方法的核心在于，要解决如何使企业的产品品种及其结构适合市场需求的变化，只有这样，企业的生产才有意义。同时，如何将企业有限的资源有效地分配到合理的产品结构中去，以保证企业收益，是企业在激烈竞争中能否取胜的关键。

波士顿矩阵认为一般决定产品结构的基本因素有两个：即市场引力与企业实力。

市场引力包括企业销售量(额)增长率、目标市场容量、竞争对手强弱及利润高低等。其中最主要的是反映市场引力的综合指标——销售增长率，这是决定企业产品结构是否合理的外在因素。

企业实力包括市场占有率、技术、设备、资金利用能力等，其中市场占有率是决定企业产品结构的内在要素，它直接显示出企业竞争实力。销售增长率与市场占有率既相互影响，又互为条件：市场引力大，市场占有率高，可以显示产品发展的良好前景，企业也具备相应的适应能力，实力较强；如果仅有市场引力大，而没有相应的高市场占有率，则说明企业尚无足够实力，则该种产品也无法顺利发展。相反，企业实力强，而市场引力小的产品也预示了该产品的市场前景不佳。

通过以上两个因素相互作用，会出现四种不同性质的产品类型，形成不同的产品发展前景：①销售增长率和市场占有率"双高"的产品群(明星类产品)；②销售增长率和市场占有率"双低"的产品群(瘦狗类产品)；③销售增长率高、市场占有率低的产品群(问号类产品)；④销售增长率低、市场占有率高的产品群(现金牛类产品)。

图 4-1 波士顿矩阵

(1)明星产品(Stars)。它是指处于高增长率、高市场占有率象限内的产品群，这类产品可能成为企业的现金牛产品,需要加大投资以支持其迅速发展。采用的发展战略是:积极扩大经济规模和市场机会,以长远利益为目标,提高市场占有率,加强竞争地位。发展战略以及明星产品的管理与组织最好采用事业部形式,由对生产技术和销售两方面都很内行的经营者负责。

(2) 现金牛产品(Cash Cow),又称厚利产品。它是指处于低增长率、高市场占有率象限内的产品群,已进入成熟期。其财务特点是销售量大,产品利润率高、负债比率低,可以为企业提供资金,而且由于增长率低,也无需增大投资。因而成为企业回收资金,支持其他产品,尤其明星产品投资的后盾。对这一象限内的大多数产品,市场占有率的下跌已成不可阻挡之势,因此可采用收获战略:即所投入资源以达到短期收益最大化为限。①把设备投资和其他投资尽量压缩;②采用榨油式方法,争取在短时间内获取更多利润,为其他产品提供资金。对于这一象限内的销售增长率仍有所增长的产品,应进一步进行市场细分,维持现存市场增长率或延缓其下降速度。对于现金牛产品,适合于用事业部制进行管理,其经营者最好是市场营销型人物。

现金牛业务指低市场成长率高相对市场份额的业务,这是成熟市场中的领导者,它是企业现金的来源。由于市场已经成熟,企业不必大量投资来扩展市场规模,同时作为市场中的领导者,该业务享有规模经济和高边际利润的优势,因而给企业带大量财源。企业往往用现金牛业务来支付账款并支持其他三种需大量现金的业务。图 4-1 中所示的公司只有一个现金牛业务,说明它的财务状况是很脆弱的。因为如果市场环境一旦变化导致这项业务的市场份额下降,公司就不得不从其他业务单位中抽回现金来维持现金牛的领导地位,否则这个强壮的现金牛可能就会变弱,甚至成为瘦狗。

(3) 问号产品(Question Marks)。它是处于高增长率、低市场占有率象限内的产品群。前者说明市场机会大,前景好,而后者则说明在市场营销上存在问题。其财务特点是利润率较低,所需资金不足,负债比率高。例如在产品生命周期中处于引进期、因种种原因未能开拓市场局面的新产品即属此类问题的产品。对问题产品应采取选择性投资战略。即首先确定对该象限中那些经过改进可能会成为明星的产品进行重点投资,提高市场占有率,使之转变成"明星产品";对其他将来有希望成为明星的产品则在一段时期内采取扶持的对策。因此,对问题产品的改进与扶持方案一般均列入企业长期计划中。对问题产品的管理组织,最好是采取智囊团或项目组织等形式,选拔有规划能力、敢于冒风险、有才干的人负责。

(4) 瘦狗产品(Dogs),也称衰退类产品。它是处在低增长率、低市场占有率象限内的产品群。其财务特点是利润率低、处于保本或亏损状态,负债比率高,无法为企业带来收益。对这类产品应采用撤退战略:首先应减少批量,逐渐撤退,对那些销售增长率和市场占有率均极低的产品应立即淘汰。其次是将剩余资源向其他产品转移。第三是整顿产品系列,最好将瘦狗产品与其他事业部合并,统一管理。

二、波士顿矩阵步骤及分析

(一) 基本原理

本法将企业所有产品从销售增长率和市场占有率角度进行再组合。在坐标图上,以纵轴表示企业市场增长率,横轴表示相对市场份额,将坐标图划分为四个象限,依次为"问号"、"明星"、"现金牛"、"瘦狗"。在使用中,企业可将产品按各自的销售增长率和市场占有率归入不同象限,使企业现有产品组合一目了然,同时便于对处于不同象限的产品作出不同的发展决策。其目的在于通过产品所处不同象限的划分,使企业采取不同决策,以保证其不断地淘汰无发展前景的产品,保持"问号"、"明星"、"现金牛"产品的合理组合,实现产品及资源分配结构的良性循环。

(二) 基本步骤

主要包括:

(1) 核算企业各种产品的市场增长率和相对市场份额。计算公式为:

本企业某种产品的市场增长率=(该产品本年总销售额-上年总销售额)/该产品上年总销售额×100%。

本企业某种产品相对市场占有率=该产品本企业市场占有率/该产品市场最大竞争对手(或特定的竞争对手)的市场占有率

(2) 绘制四象限图。以10%的市场增长率和20%的市场占有率为高低标准分界线,将坐标图划分为四个象限。然后把企业全部产品按其市场增长率和市场占有率的大小,在坐标图上标出其相应位置(圆心)。定位后,按每种产品当年销售额的多少,绘成面积不等的圆圈,顺序标上不同的数字代号以示区别。定位的结果即将产品划分为四种类型。

按照波士顿矩阵的原理,产品市场占有率越高,创造利润的能力越大;另一方面,销售增长率越高,为了维持其增长及扩大市场占有率所需的资金亦越多。这样可以使企业的产品结构实现产品互相支持,资金良性循环的局面。按照产品在象限内的位置及移动趋势的划分,形成了波士顿矩阵的基本应用法则。

第一法则:成功的月牙环。在企业所从事的事业领域内各种产品的分布若显示月牙环形,这是成功企业的象征,因为盈利大的产品不只一个,而且这些产品的销售收入都比较大,还有不少明星产品,问题产品和瘦狗产品的销售量都很少。若产品结构显示得散乱分布,说明其事业内的产品结构未规划好,企业业绩必然较差。这时就应区别不同产品,采取不同策略。

第二法则:黑球失败法则。如果在第三象限内一个产品都没有,或者即使有,其销售收入也几乎近于零,可用一个大黑球表示。该种状况显示企业没有任何盈利大的产品,说明应当对现有产品结构进行撤退、缩小的战略调整,考虑向其他事业渗透,开发新的事业。

第三法则:西北方向大吉。一个企业的产品在四个象限中的分布越是集中于西北方向,则显示该企业的产品结构中明星产品越多,越有发展潜力;相反,产品的分布越是集中在东南角,说明瘦狗类产品数量大,说明该企业产品结构衰退,经营不成功。

第四法则:踊跃移动速度法则。从每个产品的发展过程及趋势看,产品的销售增长率越高,为维持其持续增长所需资金量也相对越高;而市场占有率越大,创造利润的能力也越大,持续时间也相对长一些。按正常趋势,问题产品经明星产品最后进入现金牛产品阶段,标志了该产品从纯资金耗费到为企业提供效益的发展过程,但是这一趋势移动速度的快慢也影响到其所能提供的收益的大小。

如果某一产品从问题产品(包括从瘦狗产品)变成现金牛产品的移动速度太快,说明其在高投资与高利润率的明星区域时间很短,因此对企业提供利润的可能性及持续时间都不会太长,总的贡献也不会大;但是相反,如果产品发展速度太慢,在某一象限内停留时间过长,则该产品也会很快被淘汰。

这种方法假定一个组织有两个以上的经营单位组成,每个单位产品又有明显的差异,并具有不同的细分市场。在拟定每个产品发展战略时,主要考虑它的相对竞争地位(市场占有率)和业务增长率。以前者为横坐标,后者为纵坐标,然后分为四个象限,各经营单位的产品按其市场占有率和业务增长率高低填入相应的位置。

在本方法的应用中,企业经营者的任务,是通过四象限法的分析,掌握产品结构的现状及预测未来市场的变化,进而有效地、合理地分配企业经营资源。在产品结构调整中,企业的经营者不是在产品到了"瘦狗"阶段才考虑如何撤退,而应在"现金牛"阶段时就考虑如何使产品造成的损失最小而收益最大。

充分了解了四种业务的特点后还需进一步明确各项业务单位在公司中的不同地位,从而进一步明确其战略目标。通常有四种战略目标分别适用于不同的业务。

(1)发展。

以提高经营单位的相对市场占有率为目标,甚至不惜放弃短期收益。要是问题类业务想尽快成为"明星",就要增加资金投入。

(2)保持。

投资维持现状,目标是保持业务单位现有的市场份额,对于较大的"金牛"可以此为目标,以使它们产生更多的收益。

(3)收割。

这种战略主要是为了获得短期收益,目标是在短期内尽可能地得到最大限度的现金收入。对处境不佳的金牛类业务及没有发展前途的问题类业务和瘦狗类业务应视具体情况采取这种策略。

(4)放弃。

目标在于清理和撤销某些业务，减轻负担，以便将有限的资源用于效益较高的业务。这种目标适用于无利可图的瘦狗类和问题类业务。一个公司必须对其业务加以调整，以使其投资组合趋于合理。

三、ERP沙盘模拟实训中四种产品简单分析

对于问题型业务（高增长、低市场份额）类产品，一般集中在沙盘实际经营后几年中，P4基本上属于这个情况。此时面临的思考是是否有足够的资金流进行产品研发、生产线建设的投入。

对于明星型业务（高增长、高市场份额）类产品，P3产品基本属于这种情况，由于市场增长很快，但P3产品前期投入较大，特别是研发费用，而且很难实现盈利（在后面财务分析中会计算相关盈亏平衡点），但此时继续坚持，很快将转化为带来大量现金流的"金牛型"产品。

对于金牛型业务（低增长、高市场份额）类产品，P2产品属于这种情况，由于P2产品市场前几年增长很快，其总销售额基本上是P3、P4之和，而且盈利也比较容易，没有P2产品的支撑，现金流可能无法维持，生产线、厂房、产品研发等大量资金投入将遇到困难。

对于瘦狗型业务（低增长、低市场份额）类产品，P1产品属于这种情况，P1产品在后几年进入衰退期，订单数量与价格均不理想，而此时投入大量广告费用是"得不偿失"的。其经营策略应当以销售库存为主。当然，由于竞争原因，有时销售订单不足，生产线不能闲置，也要考虑生产P1产品，特别是后几年的国际市场。

🔵 任务总结

波士顿分析是确定产品战略的一个重要工具，每组在完成该任务时候，由于所处环境和市场不同，会有差异，教师需要根据各组的总体战略来进行分析和归纳。

实训任务4　制定企业战略规划

作为一个企业的领导者，CEO必须站在全局角度思考全面工作规划，如果沙盘企业的目标是在第六年末的权益排名第一，那么如何控制权益水平，控制现金流，控制风险、利润以及市场占有率需要进行分析，而年初经营战略规划需要对相关问题进行思考。现在请根据相关信息，完成对企业战略规划的制定。

实训项目四　企业战略规划的制定

任务研修

一、战略和企业战略

战略一词来源于军事,古称"韬略",指对战争全局的筹划和谋略。在中国,战略一词历史久远,"战"指战争,略指"谋略"。《孙子兵法》被认为是中国最早对战争进行全局筹划的著作。现在,"战略"一词被引申至政治和经济领域,其涵义演变为泛指统领性的、全局性的、左右胜败的谋略、方案和对策。

战略就是指组织为了实现长期的生存和发展,在综合分析组织内部条件和外部环境的基础上做出的一系列带有全局性和长远性的谋划。战略就是做正确的事(战术就是正确的做事,或把事做正确)。诸葛亮的《隆中对》是中国历史上非常具有代表性的战略案例。

战略具有以下方面的特征:

(1) 全局性:必须从组织全局的角度出发,确定组织发展的远景目标和行动纲领。
(2) 长远性:战略的着眼点是组织的未来,是为了谋求组织的长远发展和长远利益。
(3) 纲领性:战略是一种概括性和指导性的规定,是组织行动的纲领。
(4) 客观性:战略的建立必须是建立在对内外环境客观分析的基础上。
(5) 竞争性:战略的一个重要目的就是要在竞争中战胜对手,赢得市场和顾客。
(6) 风险性:战略着眼于未来,但未来充满不确定性,必然导致战略方案带有一定的风险。

企业战略(Business Strategy)是指企业以未来为导向,根据企业外部环境变化和内部资源条件,为求得企业长期生存和不断发展而做出的长远性、全局性的谋划或方案。企业战略就是决定企业将从事什么事业(业务)。华为总裁任正非认为一个民族需要汲取世界性的精髓才能繁荣昌盛,一个企业需要有世界性的战略眼光才能奋发图强。美国通用电气公司前董事长韦尔奇说:"我整天没有做几件事,但有一件做不完的工作,那就是规划未来。"美国90%以上的企业家认为:"最占时间、最为重要、最为困难的事就是制定战略规划。"爱默生说:"每年我都花一半的时间在战略规划上,雷打不动。"那么,企业为什么需要战略呢?

"不谋万世者,不足谋一时;不谋全局者,不足谋一域","夫未战而庙算胜者得算多也,未战而庙算不胜者,得算少也,多算胜,少算不胜,而况于无算乎!"企业如果没有战略,就好像没有舵的轮船,没有方向。

很多企业为什么做不大、做不强、做不久?原因可能有很多,但很多时候都是战略出了问题。对企业而言,没有战略,或是战略不科学与不合理,都会导致盲目扩张、竞争乏力、执行不力、成长无后劲等诸多问题的出现。

如果你想要抓住所有的顾客,提供所有的服务,那你根本没有策略可言。制定策略就是要限制你想要做的事情。只有当你知道你的限制之后,你才能清楚你的企业在产业中的定位,也才能知道你要采取什么方式做生意,你才能做的更好。

对"细节决定成败"的误解。细节决定成败要有一个前提,那就是在战略正确的前提下。

只有战略正确,细节才会有意义,执行才会有意义。如果只顾细节,忽视战略,盲目执行,不管方向,那就是只见树木,不见森林;如果战略错误,细节再完美也无济于事,细节越完美,执行力度越大,越是背道而驰,在错误的道路上走得越远,浪费的资源也越多,危害越大。

因此,正确的观点应该是战略决定成功,细节保证不败。战略性错误是不能犯的,一个战略性错误可能导致整个企业全军覆没,整个人生一败涂地。小失误只会是细节失误,大失误必然是战略失误,细节错了还有改进的余地,战略错了则回天无力。对于一艘驶错了方向的航船来说,任何来风都是逆风;同理,对于一个犯了战略性错误的企业和个人来说,任何细节上的改进都没有意义。所以,每一个成功的企业,必然都是重视战略的企业。

二、企业核心能力/核心竞争力培育

20世纪80年代兴起的资源理论认为,最重要的超额利润源泉是企业长期积累形成的、独特的资源及其不可模仿和难以替代的竞争力——核心竞争力。战略必须建立在核心竞争力的基础上。

(一)核心竞争能力的定义与评估

核心竞争能力的定义:核心竞争力,又称"核心能力(Core Competence)"、"核心竞争优势",是一个企业能够长期获得竞争优势的能力,是企业所特有的、能够经得起时间考验的、具有延展性,并且是竞争对手难以模仿的技术或能力。

什么是企业的核心竞争力?说得直白一点就是你到底会干什么、特别会干什么。这是行为层的核心竞争力。核心竞争力本身要向远景方向逐渐转移,不能认为什么东西是核心竞争力,就永远啃住它。中关村有一些公司,1984年跟联想一起创办的时候,它们有的产品非常好,在当时特别受欢迎。但是,市场环境变化之后,有些企业没有及时开发新的产品,就很被动。

核心竞争力的评估:一种能力要想成为企业的核心竞争力,必须是"从客户的角度出发,是有价值并不可替代的;从竞争者的角度出发,是独特并难于模仿的"。

企业核心竞争力可以从市场、技术和管理三个层面来评估:(1)市场层面:市场环境适应、营销拓展及渠道管理、企业及产品美誉度等;(2)技术层面:技术研发、应用、整合、延展等;(3)管理层面:战略决策、组织管理、企业文化、人事、财务等。

企业的核心竞争能力不是一成不变的,某个企业的核心竞争能力可能最终被竞争对手所成功模仿,并随着时间的推移,逐渐成为行业内的一种基本技能。例如,在20世纪80年代,快捷优质的上门服务无疑是某个家电企业的核心竞争能力。但是时至今日,各个家电企业之间售后服务水平的差距已经大大缩小了,此时售后服务水平已经不是这家企业的核心竞争能力。这种变化在许多行业中都到处可见。因此,企业应该以动态的观点看待企业的核心竞争能力,随时对自身的能力与外界(如竞争对手和行业水平)进行比较和评估,并不断对优势进行加强,以保持持久的核心竞争能力。

(二)核心竞争能力的培育

建立核心竞争能力的关键在于持之以恒。而做到这一点,首先企业内部对建立与支持

哪些能力应该意见一致。其次,负责建立能力的管理班子应保持相对稳定。除非高层管理人员对建立哪些能力达成一致意见,否则就不可能有长期一贯的努力。如果高层没有一致的意见,而各个业务单位又只顾建立自己的能力,那么整个企业在能力建立方面就不能集中力量,甚至根本无法建立新能力。培养新核心竞争能力的方法主要有以下四种:

(1) 集中法。通过统一目标,加大对核心技术、技能的资金投入与人才配置,组建具有竞争能力开发团队等方法提高内部资源配置的效率。

(2) 借用法。通过与其他厂商、研究机构、主要客户形成联盟,如合资、合营、授权等,从中获得并消化吸收合作伙伴的技术和技能。

(3) 收购法。通过收购具有相关核心技术或竞争能力的企业或组织(并确保其在收购后不流失),而快速强化目标专长或竞争能力。

(4) 融合法。通过系统性思维将若干相关生产技术、各功能领域技术(研究与开发、生产、营销和服务等)、自己拥有的和借用或收购的技术等加以有效整合。

(三) 核心竞争能力的保持

由于核心竞争能力可以使企业在竞争中获得超额收益,竞争对手总是千方百计地对企业的核心竞争能力进行研究和模仿。核心竞争能力是通过长期的发展和强化建立起来的,核心竞争能力的丧失会带来无法估量的损失。所以,企业在加强核心竞争能力培育的同时,一定要重视企业核心竞争能力的保护工作。为此,要针对核心竞争能力丧失的主要原因,努力构筑核心竞争能力的模仿障碍,尽量防止核心竞争能力的丧失,延缓核心竞争能力的扩散。

1. 核心竞争能力丧失的主要原因

(1) 核心竞争能力携带者的流失。核心竞争能力携带者是指体现和掌握核心竞争能力的技术人员或管理人员,他们在企业核心竞争能力的建立过程中曾起过中流砥柱的作用,一旦他们离开企业,可能会导致企业关键技术的泄密,使核心竞争能力的优势大大削弱。

(2) 与其他企业的合作。企业在与其他企业合作时,常常会扩散自己的核心竞争能力。例如,日本一些企业通过战略联盟从西方合作伙伴中获得大量的技术能力,从而使得西方企业的核心技术能力不再独享,它们的核心竞争能力也就不复存在了。

(3) 放弃某些经营业务。例如,通用电气、摩托罗拉等公司从1970年至1980年间先后退出彩电行业,从而失去了各自在影视像技术方面的优势。

(4) 核心竞争能力逐渐被竞争对手所模仿,成为行业中必备的能力。

2. 保护核心竞争能力的措施

(1) 加强对核心竞争能力携带者的管理和控制。核心竞争能力的携带者是企业的宝贵财富,企业高层管理人员必须清楚地识别他们,制定相关政策,防止这些人的流失。例如,可以通过股权激励给他们带上"金手铐",使他们的利益与公司的利益保持一致,以及培养其忠诚度等。

(2) 自行设计和生产核心产品。核心产品是一种或几种核心竞争能力的物质体现,企业通过自行生产核心产品，可以防止秘密技术和独特技能的扩散，从而将核心竞争能力保持在企业内部。可口可乐公司自行配制糖浆就是一个很好的例子。

（3）谨慎处理某些经营不善的业务。在那些因短期市场前景黯淡而即将被企业放弃的业务中，可能含有某些具有潜在价值的核心竞争能力或其组成部分。企业在处理这些业务时必须谨慎，要充分考虑到业务的放弃或转让所造成的影响，看看是否会对本企业和竞争对手的核心竞争能力会带来什么影响。

（4）加强对企业核心技术的保密措施与管理制度。

（5）不断对现有核心技术或技能进行改良与改进，保持其在行业内的领先地位。

三、企业总体战略概述

企业总体战略是通过企业的内外部环境分析，根据企业宗旨和战略目标，依据企业在行业内所处的地位和水平，确定其在战略规划期限内的资源分配方向及业务领域发展战略。

（一）企业战略发展可选择的方向和方法

在面对不同的环境和基于不同的内部条件时，企业所采取的总体战略态势会各有差异，企业的总体战略主要有三种态势：发展型战略、稳定型战略和紧缩型战略。需要指出的是，即使企业总体是采取发展（扩张）型战略，在不同经营领域仍可采用不同的战略，即企业可以有多种战略方向可供选择。图4-2表示了一个"产品/市场"矩阵，指出了主要的选择方向。

图4-2 可选择的发展方向

对于各样可选发展战略或可选发展方向而言，每一个都有不同的开发方案，这些方案可以分为三类：内部开发、并购以及联合开发或联盟。

（二）密集型发展战略

密集型发展战略是指企业在原有业务范围内，充分利用在产品和市场方面的潜力来求得成长的战略。这种战略包括市场渗透、市场开发和产品开发，有时又被统称为加强型战略，因为它们要求加强努力的程度，以提高企业在现有业务的竞争地位。

市场渗透战略是企业通过更大的市场营销努力，提高现有产品或服务在现有市场上的销售收入。这一战略被广泛地单独使用或同其他战略结合使用。

市场开发战略指将现有产品或服务打入新的地区市场。即企业以市场创新为主导，用原有产品为竞争武器,向新市场扩张。市场开发战略比市场渗透具有更广阔的成长空间,但风险也可能增大,因为企业将面临新市场的进入障碍,需要强有力的促销活动,将增大成本。同时,面对原有经营企业的反击,会使相当一段时间内利润很少,甚至没有利润。

产品开发战略是通过改进和改变产品或服务而增加产品销售。从某种意义上讲,这是企业密集型发展战略的核心,因为对企业来说,只有不断推出新产品,才能应对市场的变化,保持企业的持续成长。另外,对于市场开发来说,有时并不是直接将原有产品打入新的市场,而是针对新的市场做了针对性的改进后才进入的。例如,对于不发达的农村地区来说,由于接收条件和收入上的不同,对电视机功能的要求是与大中城市不同的,所以如果开发出适合他们需求的电视机,再打入农村市场,则要比直接将在城市市场上销售的电视机卖往农村效果要好得多。所以,以上三种加强型战略常常是结合在一起使用的。

(三) 稳定战略

稳定战略是在企业的内外环境约束下,企业在战略规划期内使资源分配和经营状况基本保持在目前状况和水平上的战略。按照这种战略,企业目前的经营方向、业务领域、市场规模、竞争地位及生产规模都大致不变,保持持续地向同类顾客提供同样的产品和服务,维持市场份额。

采取稳定战略的企业,一般处在市场需求及行业结构稳定或者较小动荡的外部环境中,企业所面临的竞争挑战和发展机会都相对较少。但是,在市场需求较大幅度增长或是外部环境提供了较好发展机遇的情况下,由于资源不足,有些企业也不得不采取稳定战略。

1. 稳定战略与稳定的外部环境相适应

在以下情况时,企业可以考虑采用稳定战略:

(1) 当宏观经济在总体上保持总量不变或低速增长时,就会使某一产业的增长速度降低,则该产业内的企业倾向于采用稳定战略。

(2) 当企业所在的产业技术相对成熟,技术更新速度较慢,企业过去采用的技术和生产的产品无需经过大的调整就能满足消费者的需求和与竞争者抗衡。此时企业可采取稳定战略。

(3) 消费者需求偏好变动较小时,企业可采用稳定战略,在产品领域、市场策略及经营战略方面保持稳定不变。

(4) 对于处于行业或产品的成熟期的企业,产品需求、市场规模趋于稳定,产品技术成熟,新产品开发难以成功,同时竞争对手的数目和企业的竞争地位都趋于稳定,因此适合采取稳定战略。

(5) 当企业所处行业的进入壁垒非常高或由于其他原因,使得该企业所处的竞争格局相对稳定,竞争对手之间很难有较为悬殊的业绩改变,则企业采用稳定战略能获得较大收益。

2. 稳定战略应与企业资源状况相适应

当企业资金不足、研究开发力量较差或人力资源缺乏,无法采取增长战略时,企业可以采取以局部市场为目标的稳定战略。以使企业有限的资源能集中在某些自己有竞争优势的细分市场,维护竞争地位。

当外部环境较为稳定时,资源较充足的企业与资源相对较稀缺的企业都应当采取稳定战略,但两者的做法可以不同,前者应在更为宽广的市场上选择自己战略资源的分配点,后者应在相对狭窄的细分市场上集中资源。

当外部环境不利时,资源丰富的企业可以采用稳定战略;资源不充足的企业根据经营确定经营战略,可以在某个具有竞争优势的细分市场上采用稳定战略,而在其他细分市场上实施紧缩战略,而将资源投入到发展较快的行业。

3. 稳定战略的优缺点

稳定战略的优点主要表现为管理难度较小,效益有保证,风险较小。这是因为:

(1) 企业基本维持原有的产品和市场领域,从而可以利用原有的生产经营领域、渠道,避免开发新产品和新市场所必需的巨大资金投入,避免由于开发失败和激烈竞争给企业带来的巨大风险。

(2) 由于企业经营领域基本不变,企业不必改变原有的资源分配模式,因而不必考虑原有资源的增量或存量调整,能避免由于改变战略而重新组合资源造成的资金和时间上的浪费。

(3) 可以保持企业规模、资源、生产能力等方面的协调平衡,避免因发展过快、过急造成失衡,导致资源浪费,效益不佳。

(4) 可以充分利用现有人力资源,保持人员安排上的相对稳定性,减少人员调整、聘用和培训的费用。

稳定战略是在外部环境稳定的条件下实行的企业战略,一旦外部环境好转,企业自身实力增强时,这种战略就不再适用,企业应积极转为发展型战略。长期实行稳定战略往往容易使企业减弱风险意识,甚至形成惧怕风险、回避风险的企业文化,这就会大大降低企业对环境的敏感性和适应性,严重影响了企业的发展,这也是稳定战略真正的、最大的风险所在。

(四) 紧缩战略

紧缩战略是企业从目前的经营战略领域和基础水平收缩和撤退,且偏离起点较大的一种战略。紧缩的原因是企业现有的经营状况、资源条件以及发展前景不能应付外部环境的变化,难以为企业带来满意的收益,以致威胁企业的生存和发展。紧缩战略的类型主要有:转向战略,是企业在现有经营领域不能完成原有产销规模和市场规模,不得不将其缩小;或者企业有了新的发展机会,压缩原有领域的投资,控制成本支出以改善现金流为其他业务领域提供资金的战略方案。放弃战略,在前一战略无效时,可采取放弃战略。放弃战略是将企业的一个或几个主要部门转让、出卖或停止经营。这个部门可以是一个经营单位,一条生产线或者一个事业部。其目的是要找到肯出高于企业固定资产时价的买主,因此关键是让买主认识到购买企业所获得的技术和资源,能使对方利润增加。清算战略,清算是指卖掉其资产或停止整个企业的运行而终止一个企业的存在。

(五）一体化战略

一体化战略是指企业充分利用自己在产品、技术、市场上的优势,向经营领域的深度和广度发展的战略。一体化战略主要有三种类型:一是后向一体化战略;二是前向一体化,两者统称为纵向一体化;三是水平一体化。一体化战略有利于深化专业化协作,提高资源的利用程度和综合利用效率。

纵向一体化就是将企业的活动范围在同行业中向后扩展到供应源或者向前扩展到最终产品的最终用户。如一个制造公司投资自己生产某些零配件而不是从外部购买,该公司在本行业的价值链体系中就向前跨越了一个阶段,涉足两个业务单元。纵向一体化可以是全线一体化,即参与行业价值链的所有阶段,也可以是部分一体化,即进入行业价值链的某一个阶段。纵向一体化战略的优势是以其成本节约保证额外的投资,或产生以差别化为基础的竞争优势,增强公司的竞争地位。前向一体化将企业的价值链进一步向前延伸,进入其产品的销售行业。例如,汽车制造商不使用独立的销售代理商、批发商、零售商,而建立自己控制的分销系统;煤炭企业建立坑口电厂,由向外销售煤到销售一部分电,使自己的产品进一步增值。

近年来,一些纵向一体化的企业发现在价值链的很多阶段中进行经营并不理想,因而纷纷采取纵向解体（或者叫解束）战略。解体指的是从价值链体系的某些阶段中撤离出来,依靠外部供应商来供应所需的产品、支持服务或者职能活动。

横向一体化也叫水平一体化战略,是指将生产相似产品的企业置于同一所有权控制之下,兼并或与同行业的竞争者进行联合,以实现扩大规模、降低成本、提高企业实力和竞争优势。

当今战略管理的一个最显著的趋势便是将横向一体化作为促进公司发展的战略。竞争者之间的合并、收购和接管提高了规模经济和资源与能力的流动。横向一体化战略一般是企业面对比较激烈竞争的情况下进行的一种战略选择。采用横向一体化战略的好处是:能够吞并或减少竞争对手;能够形成更大的竞争力量去和竞争对手抗衡;能够取得规模经济效益;能够取得被吞并企业的市场、技术及管理等方面的经验。一个很好的例子是,中国的冰箱市场竞争非常激烈,但是,当科龙、美菱等几家企业被横向整合在一起后,科龙等企业共同形成了一个每台冰箱150元的成本壁垒,中国的低端冰箱市场反而竞争趋缓了。

（六）多元化战略

多元化战略是企业最高层为企业制定多项业务的组合,是为公司涉足不同产业环境中的各业务制定的发展规划,包括进入何种领域,如何进入等。当企业拥有额外的资源、能力及核心竞争力并能在多处投入时,就应该实施多元化。同时,采用该种战略的企业的经理层应具备独特的管理能力,能同时管理多项业务,并且能增强企业战略竞争能力。

多元化公司各项事业的关联程度不同,造成多元化类型不同,表4-3列示了随着多元化层次的不同产生的五种类型的业务关系。除了单一事业型和主导事业型公司,充分多元化的企业被分为相关和不相关多元化两类。

表 4-3　多元化的类型

多元化程度	多元化类型	各项事业的关联程度
低层次多元化	单一事业型	超过95%的收入来自于某一项业务
	主导事业型	70%—95%的收入来自于某一项业务
中高层次多元化	相关约束型	不到70%的收入来自主导业务,所有业务共享产品、技术、分销渠道
	相关型(相关和不相关的混合型)	不到70%的收入来自于主导业务,事业部之间联系是有限的
极高层次多元化	不相关型	不到70%的收入来自主导业务,事业部之间通常无联系

　　低层次多元化经营的企业是将精力集中在某一项主导业务上。当一家公司收入超过95%的部分都来自于某一个主导业务时,该公司就应该划入单一事业型。主导事业型就是一家公司的收入中70%—95%来自于某一项业务。如好时食品公司(Hershey Foods Corp)是美国最大的巧克力及非巧克力糖果生产商,就是一家主导型公司。尽管该公司产品丰富,但公司绝大部分收入是来自于糖果产品的销售。

　　中高层次多元化可分为相关型、相关约束型及不相关多元化。当一家公司超过30%的收入不是来自其主导事业且它的事业互相之间有着某种联系时,该公司的多元化战略就是相关型的。当这种联系直接且频繁时,就是相关约束型。相关多元化公司各业务在资源和资金上共享较少,而知识及核心竞争力的相互传递却较多。相关约束型公司各项业务共享很多资源和行动。不相关多元化公司属于高度多元化,公司各项业务之间没有太多的联系,如通用电气公司。

　　为了顺应全世界的专业化潮流,一些公司在多元化上改变了立场。汉生公司曾经被视为全世界采用高度多元化最成功的公司,在21世纪90年代该公司决定降低其多元化层次以强化主营业务,汉生公司出售或剥离了属下许多事业部。西屋电气公司是一家历史超过百年的老公司,实行相关多元化战略已多年。自从该公司收购了哥伦比亚广播公司后,多元化进程大大减缓,而当它与Viacom公司合并后,它又进一步多元化。

　　多元化战略又分为相关多元化战略和不相关多元化战略。相关多元化战略是企业为了追求战略竞争优势,增强或扩展已有的资源、能力及核心竞争力而有意识采用的一种战略。实行这种战略的企业增加新的但与原有业务相关的产品与服务,这些业务在技术、市场、经验、特长等方面相互关联。例如,我国的海尔、长虹等知名的家电企业都实行相关多元样的战略,它们在电视机、冰箱、空调器、洗衣机等多种家电产品中经营。广义地说,前面讲的纵向一化也是相关多元化的一种形式。

　　不相关多元化就是公司进入与原有行业不相关的新业务,公司经营的各行业之间没有联系。美国通用电器公司是高度多元化的范例,从灯泡到信用卡、医药到有线电视,跨越多种行业。

　　企业实施多元化战略是为了增强企业的战略竞争优势,从而使企业的整体价值得到提升。不管是相关型还是不相关型多元化战略,只要能够让企业所有事业部增加收入和降低成本,就体现了多元化战略的价值。多元化能够获得比竞争对手更强的市场影响力,削弱竞争对手的市场影响力;通过业务组合降低管理者的风险等。

四、年初经营战略规划思考的逻辑框架图

沙盘企业制定什么样的总体战略与企业所面临的环境和成员,尤其是 CEO 所愿意承担的风险有关(企业所面临的风险可能与企业成员的性格有关,如果还原成现实,可以认为是企业文化)。没有一种战略是战无不胜的,必须综合考虑竞争对手可能会采取什么战略来制定本企业的战略。在年初的经营战略规划环节需要考虑的因素及逻辑次序应当如图 4-3 所示。

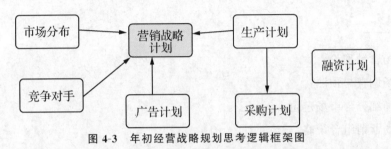

图 4-3　年初经营战略规划思考逻辑框架图

其中市场分布分析是最关键环节,企业由于市场存在而存在,因此任何企业只能按照市场发展的客观规律来制定自己的经营战略规划,需要对市场预测信息充分分析,需对竞争对手分析才能把握自己的战略。很多企业在操作过程中,做的不好也不知道问题在哪,重要的一条原因是没有关注竞争对手情况。在沙盘中有一个关键角色是商业间谍,但这个角色很多同学不知道做什么。这些市场分析具体分析内容见实训项目五。

生产计划是整个营销战略的一个组成部分,许多学员在年初讨论规划时,忽略了生产因素,尤其不注意计算生产能力、库存量等,采购计划协调生产计划的完成,很多企业资金流断裂经常由于大量采购原材料或者未及时订原材料造成的。生产和采购分析见实训项目六。

营销战略计划还是综合各部门计划的集中体现。当市场分析、竞争对手分析、生产能力分析等因素规划好之后,才能进行今年经营战略计划的制定。在数据分析之后,同学如何完成理想的营销战略规划的量化和制定,往往是沙盘课程的精髓之处,也是接受沙盘模拟实训同学感受最深的精华之一。

最后要检验计划是否可行,当所有计划制定之后,许多同学以为"万事大吉",按此操作就可以了,但事实并非如此。需要评价可行的战略规划,找到影响实施的关键因素,同时根据执行情况调整计划。战略在执行一段时间后,情况会发生改变,环境与预想产生了偏差,沙盘企业必须针对新的环境对原来的战略进行调整,采取新的战略。

任务总结

一家企业运行是否能够成功,最主要的一个因素是企业战略规划如何,只有对企业的未来有更高的把握,才能未雨绸缪,运筹帷幄。但是战略制定之后,也不是一成不变的,需要结合企业实际运行变化进行调整分析,以达到更好的效果。每组需要在运行之前制定自己的战略规划方案,并交由教师审阅。

实训项目五　营销计划的制定

学习内容

（1）市场营销理论；

（2）市场调查与预测；

（3）市场细分与市场定位；

（4）市场营销组合策略。

学习目标

1. 知识目标

（1）了解市场营销基本理论；

（2）熟悉市场调查与预测的基本方法；

（3）熟悉市场细分和定位内容；

（4）熟悉广告费投入相关规则。

2. 能力目标

（1）能够完成市场调查与预测并指导广告费等市场操作行为；

（2）能够完成公司市场细分和定位；

（3）能够制定广告费投入策略。

任务背景

在实训过程中，很多同学往往经常问老师：广告费该怎么投入？特别是各组在经营之初第2—3年内策划广告投入（可以理解为销售费用）时，常常"盲目冲动，争当标王"，造成后期严重的资金短缺，固定资产无力投入，广告分摊成本巨大，企业亏损严重，甚至导致资金断流而"倒闭"。那么广告费该怎么投入，市场老大一定那么重要吗？这些问题需要大家认真的思考。

实训任务1 为公司制定一份市场分析报告

众所周知,知己知彼,方能百战而不殆,因此经营一家企业需要首先熟悉自身的能力,另外最重要的是"知彼",了解你的竞争对手,了解市场信息,特别是实训对抗之前,对大家的公共信息——市场预测图要细心研究,而且每一年结束之后,都要进行相关的间谍活动。那么如何分析这些图表以及竞争对手?请首先分析市场预测,然后写出一份市场分析报告。

任务研修

一、相关概念

(一)市场

从营销的角度看待市场,市场是由人口、购买力和购买动机(欲望)有机组成的总和。它包含三个主要因素,即有某种需要的人,有满足这种需要的购买能力和购买欲望,用公式来表示就是:

市场=人口+购买力+购买欲望

(1)人口。人口是构成市场最基本的条件。凡有人居住的地方,就有各种各样的物质和精神方面的需求,从而才可能有市场,没有人就不存在市场。(购买量)

(2)购买力。购买力是消费者支付货币、购买商品或劳务的能力。消费者购买力是由消费者的收入决定的。有支付能力的需求才是有意义的市场。所以,购买力是构成营销市场的又一个重要因素。(价格、收入)

(3)购买欲望。购买欲望是指消费主体购买商品的动机、愿望或要求,是消费者把潜在购买力变成现实购买力的重要条件,因而也是构成市场的基本因素。人口再多,购买力水平再高,如果对某种商品没有需求的动机,没有购买商品的欲望,也形成不了购买行为,这个商品市场实际上也就不存在。从这个意义上讲,购买欲望是决定市场容量最权威的因素。(消费偏好)

总之,市场容量的大小,完全受上述三个因素的制约,只有当这三个因素一个不少地有机结合时,才能使观念上的市场变为现实市场,才能决定市场的规模和容量。例如,一个国家或地区人口众多,但收入很低,购买能力有限,则不能构成容量很大的市场。又如,购买力虽然很大,但人口很少,也不能成为很大的市场。只有人口既多,购买力又高,才能成为一个有潜力的大市场。但是,如果产品不适合需要,不能引起人们的购买欲望,对销售者来说,仍然不能成为现实的市场。市场是上述三因素的统一。

例如,虽然许多人想买一辆奥迪A8,但只有少数人能够买得起,这买得起的一部分人里,一些人愿意买奥迪A8,但一部分人想买宝马。

想买的人——消费者(现实的、潜在的)

购买欲望——想买

购买力——支付能力,是否买得起

例如,一个人饿了,就会想得到一个汉堡,一杯可乐,这就是他在饥饿时的欲望。

(二) 市场类型

根据不同的分类标志,可以将市场分为不同的类型,并根据不同类型市场消费者需求特点,制定不同的营销策略。

(1) 根据市场范围划分。

根据市场范围,可以把市场划分为区域市场、国内市场和国际市场。

(2) 根据市场客体划分。

根据市场客体,可以把市场分为劳动力市场、房地产市场、金融市场、资本市场。

(3) 根据市场状况划分。

根据市场状况,可以把市场分为买方市场和卖方市场。

(4) 根据竞争程度划分。

根据竞争程度,可以把市场分为完全竞争市场、完全垄断市场、寡头垄断市场和不完全垄断市场。

(5) 根据商品流通环节划分。

根据商品流通环节,可以把市场分为批发市场和零售市场。

(三) 市场营销概念

有不少人将市场营销仅仅理解为销售(Sales),从我国不少企业对营销部的利用中就可以看到这一点,他们往往只是要求营销部门通过各种手段设法将企业已经生产的产品销售出去,营销部的活动并不能对企业的全部经营活动发挥主导作用和产生很大影响。然而,事实上,市场营销的涵义是比较广泛的。它也重视销售,但它更强调企业应当在对市场进行充分的分析和认识的基础上。以市场的需求为导向,规划从产品设计开始的全部经营活动,以确保企业的产品和服务能够被市场所接受,从而顺利地销售出去,并占领市场。

美国著名的营销学者菲利浦·科特勒对市场营销的核心概念进行了如下的描述:"市场营销是个人或群体通过创造,提供并同他人交换有价值的产品,以满足各自的需要和欲望的一种社会活动和管理过程"。在这个核心概念中包含了:需要、欲望和需求;产品或提供物;价值和满意;交换和交易;关系和网络;市场;营销和营销者等一系列的概念。

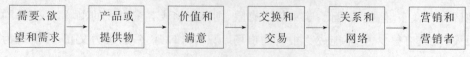

图 5-1 市场营销的核心概念

企业营销环境由微观环境和宏观环境构成。

微观环境影响着企业服务于其目标顾客的能力,由企业的供应者(为本企业提供生产经营要素的其他企业、机构和个人,特别是供应商)、营销中介人(中间商、物流企业、融资企业、会计事务所、律师事务所及其他营销服务机构)、顾客(消费者或用户)、竞争对手、社会公众，以及企业内部影响营销管理决策的各个部门(计划、人事、财务、生产、营销等部门)所构成。

宏观环境影响着微观环境，宏观环境由一些大范围的社会约束力量所构成，主要包括人口环境(人口的规模及其构成、教育程度、地区间移动等)、经济环境(购买力水平、消费支出模式、供求状况等)、自然环境(自然资源、能源、污染等)、技术外境(科技进步等)、政治法律环境(政治体制、法令法规等)和社会文化环境。

二、市场细分

(一) 市场细分的原理依据

按商品类别，市场可以分为同质市场和异质市场。所谓同质市场，就是消费者对商品的要求和对营销策略的反应具有一定相似性的市场。如我们每天做菜吃饭，都要使用食盐，但大家对食盐的需求并不敏感。在食盐市场，所有的消费者对这一生活必需品的需求基本相同，定期购买量也大致相同。只要价格便宜，包装便于使用，没有更多可挑剔之处。所以，这种市场上的竞争者提供的商品和使用的营销策略大致也相同，不用采取更多的促销手段，竞争的焦点集中在价格上。

同样，除了吃饭，我们每天也要穿衣，然而我们对服装的需求却截然不同，如女性喜欢鲜艳的颜色，喜欢穿裙子，而男性更多倾向于朴素的颜色，年轻人和老年人的着装品位也有所不同。因此，在服装市场上，每个购买者对服装的款式、质料、颜色、价格等都有不同要求，这类商品就叫异质市场。在异质市场上，一些购买欲望和兴趣大致相同的消费群体，就构成一个细分市场。不同的消费群体构成不同的细分市场。企业可以根据不同的细分市场上消费者对商品特性的不同要求，提供不同的商品，采用不同的营销策略。

因此，消费者的"异质性"，就成为市场细分化的基础和依据。

(二) 市场细分化的标准

由于市场细分化的基础是消费者需求的异质性，即差异性，而这种差异又是由消费者的生理特征、社会经济地位和心理性格等各种因素决定的，这就给出了市场细分化的各种标准。作为市场细分化的标准，可以从以下几个方面考虑，如下表5-1所示。

表5-1　市场细分

细分标准	细分标准的具体变数
文化人口因素	性别、年龄、收入、职业、教育等
地理环境因素	区域、地形地貌、城乡、气候、人口密度等
商品用途	衣、食、住、行、娱乐等
购买行为	购买频率、购买习惯、追求的价格、质量、服务等
心理因素	购买动机、购买偏好、个性、兴趣、价值观等

以牙膏市场为例,对其进行细分,如下表 5-2 所示。

表 5-2　牙膏市场的市场细分

利益细分市场	人文	行为	心理	偏好的品牌
经济(低价)	男性	大量使用者	高度自主,着重价值	中华、冷酸灵
医用(防蛀)	大家庭	大量使用者	注重健康	佳洁士
化妆(洁白牙齿)	女性、年轻人、成年人	抽烟者	高度爱好交际,爱美	洁诺
味觉(气味好)	儿童	苹果香味喜爱者	活泼,高度自我介入	小白兔

(三) 市场细分化的程序和方法

美国学者伊·杰·麦卡锡提出一套逻辑性强、粗略直观的七步细分法,其步骤如下:

(1) 选定市场范围;

(2) 列出所有潜在需求;

(3) 进行初步细分;

(4) 分析每个细分市场,找出共性的和不同的需求,将最迫切的需求作为最后的细分标准;

(5) 对整体市场进行重新划分;

(6) 分析每个细分市场,如细分市场的规模、容量、购买能力;

(7) 选定目标市场。

市场细分化主要采用以下方法:

(1) 单一标准法:按性别划分服装市场。

(2) 主导因素排列法

多个因素,主导因素+其他因素。如职业和收入为影响女性服装市场选择的主要因素。

(3) 综合标准法:2 种或 2 种以上因素细分。

(4) 系列因素法:因素多项,各因素之间先后有序,由粗到细。

三、目标市场的选择

(一) 目标市场的概念

在市场细分的基础上,从满足顾客需求出发,根据企业自身条件所确定的服务对象,叫目标市场。

(二) 目标市场的五种营销模式选择

P=产品　　　　　　　　M=市场

1. 密集单一市场

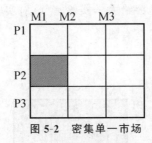

图 5-2　密集单一市场

企业只生产一种产品,并向某一特定的顾客群体提供该产品,如只生产女性服装。企业发展初期,该模式有利于更清楚地细分市场需求,但风险大,如女性缩减需求。

2. 有选择的专门化

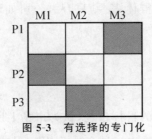

图 5-3　有选择的专门化

选择若干个细分市场,各细分市场都有吸引力并符合公司需要,但之间少有联系,每个细分市场都有可能盈利。如无线广播电台既想吸引年轻听众,又想吸引老年听众,则节目既安排流行音乐,又有京剧。

3. 市场专门化

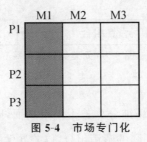

图 5-4　市场专门化

为满足某顾客群体的各种需要而服务,如教学仪器厂为大学生产桌椅、黑板等各种教学仪器,但风险较大,当大学削减财政预算时,公司就会产生危机。

4. 产品专门化

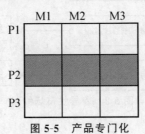

图 5-5　产品专门化

公司集中生产一种产品,公司向各类顾客销售这种产品。如某公司只生产显微镜而不生产其他仪器设备,并把显微镜销售给大学实验室、政府实验室、企业实验室等。

风险:产品被全新技术取代时会有风险。

5. 完全覆盖市场

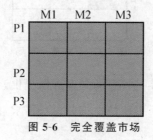

图 5-6 完全覆盖市场

想用各种产品满足各种顾客群体需要,只有大公司如通用、IBM、可口可乐等集团公司有实力采用。

(三) 目标市场选择策略

1. 无差异性市场策略

企业把整体市场看作一个大的目标市场,认为市场上所有的消费者对于本企业的产品的需要都不存在差异性。企业只推出一种产品,运用一种市场营销组合,试图吸引尽可能多的顾客,为整个市场服务。

优点:降低成本和经营费用。

缺点:(1) 不能适应多变的市场形势和满足不同的消费者的需要;

(2) 竞争能力差。

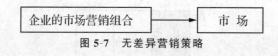

图 5-7 无差异营销策略

2. 差异性市场策略

企业根据某种标准,把整体市场细分为若干个市场面,同时,针对每一个市场面的需求特点,设计和生产不同的产品,采用不同的营销组合,以差异性的产品满足差异性的市场需求。

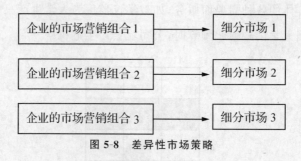

图 5-8 差异性市场策略

优点:(1) 有利于开拓市场打开销路;

(2) 更多地满足了各类消费者需要;

(3) 可以提高知名度,树立企业形象和信誉。

缺点:(1) 生产成本和经营费用较高;

(2) 受企业资源的限制;

3. 集中性市场策略

企业把其全部精力集中在某一个或某几个少数市场上面,实行专业化的生产和销售。

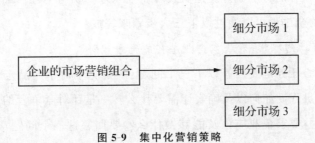

图 5-9　集中化营销策略

优点:(1) 有利于集中有限资源,提高市场占有率;

(2) 降低成本,减少销售费用;

(3) 充分发挥本企业优势。

缺点:风险较大。

四、目标市场定位

(一) 市场定位的涵义

市场定位这一概念是由美国两位广告经理艾·里斯(AiRies)和杰·特劳(Jack)于1972年提出。市场定位是设计公司产品和形象的行为,以使公司明确在目标市场中相对于竞争对手自己所处的位置。公司在进行市场定位时,应慎之又慎,要通过反复比较和调查研究,找出最合理的突破口。避免出现定位混乱、定位过度、定位过宽或定位过窄的情况。而一旦确立了理想的定位,公司必须通过一致的表现与沟通来维持此定位,并应经常加以监测以随时适应目标顾客和竞争者策略的改变。

(二) 市场定位的内容

1. 产品定位:侧重于产品实体定位,如质量/成本/特征/性能/可靠性/实用性/款式等。

2. 企业定位:即企业形象塑造,如品牌/员工能力/知识/言表/可信度等。

3. 竞争定位:确定企业相对与竞争者的市场位置。

如七喜汽水在广告中称它是"非可乐"饮料,暗示其他可乐饮料中含有咖啡因,对消费者健康有害。

4. 消费者定位:确定企业的目标顾客群。

另一种说法是产品定位,目标市场定位,竞争定位。

(三) 市场定位的步骤

市场定位的关键是企业要设法在自己的产品上找出比竞争者更具有竞争优势的特性。

竞争优势一般有两种基本类型:一是价格竞争优势,就是在同样的条件下比竞争者定出更低的价格。这就要求企业采取一切努力来降低单位成本。二是偏好竞争优势,即能提供确定的特色来满足顾客的特定偏好。这就要求企业采取一切努力在产品特色上下工夫。因此,企业市场定位的全过程可以通过以下三大步骤来完成。

1. 分析目标市场的现状,确认本企业潜在的竞争优势

这一步骤的中心任务是要回答以下三个问题:一是竞争对手产品定位如何?二是目标市场上顾客欲望满足程度如何以及确实还需要什么?三是针对竞争者的市场定位和潜在顾客的真正需要的利益要求企业应该及能够做什么?要回答这三个问题,企业市场营销人员必须通过一切调研手段,系统地设计、搜索、分析并报告有关上述问题的资料和研究结果。

通过回答上述三个问题,企业就可以从中把握和确定自己的潜在竞争优势在哪里。

2. 准确选择竞争优势,对目标市场初步定位

竞争优势表明企业能够胜过竞争对手的能力。这种能力既可以是现有的,也可以是潜在的。选择竞争优势实际上就是一个企业与竞争者各方面实力相比较的过程。比较的指标应是一个完整的体系,只有这样,才能准确地选择相对竞争优势。通常的方法是分析、比较企业与竞争者在经营管理、技术开发、采购、生产、市场营销、财务和产品等七个方面究竟哪些是强项,哪些是弱项,借此选出最适合本企业的优势项目,以初步确定企业在目标市场上所处的位置。

3. 显示独特的竞争优势和重新定位

这一步骤的主要任务是企业要通过一系列的宣传促销活动,将其独特的竞争优势准确传播给潜在顾客,并在顾客心目中留下深刻印象。为此,企业首先应使目标顾客了解、知道、熟悉、认同、喜欢和偏爱本企业的市场定位,在顾客心目中建立与该定位相一致的形象。其次,企业通过各种努力强化目标顾客形象,保持目标顾客的了解,稳定目标顾客的态度和加深目标顾客的感情来巩固与市场相一致的形象。最后,企业应注意目标顾客对其市场定位理解出现的偏差或由于企业市场定位宣传上的失误而造成的目标顾客模糊、混乱和误会,及时纠正与市场定位不一致的形象。企业的产品在市场上定位即使很恰当,但在下列情况下,还应考虑重新定位:

(1) 竞争者推出的新产品定位于本企业产品附近,侵占了本企业产品的部分市场,使本企业产品的市场占有率下降。

(2) 消费者的需求或偏好发生了变化,使本企业产品销售量骤减。

重新定位是指企业为已在某市场销售的产品重新确定某种形象,以改变消费者原有的认识,争取有利的市场地位的活动。如某日化厂生产婴儿洗发剂,以强调该洗发剂不刺激眼睛来吸引有婴儿的家庭。但随着出生率的下降,销售量减少。为了增加销售,该企业将产品重新定位,强调使用该洗发剂能使头发松软有光泽,以吸引更多、更广泛的购买者。重新定位对于企业适应市场环境、调整市场营销战略是必不可少的,可以视为企业的战略转移。重新定位可能导致产品的名称、价格、包装和品牌的更改,也可能导致产品用途和功能上的变动,企业必须考虑定位转移的成本和新定位的收益问题。

(四) 市场定位的策略

1. 避强定位

避强定位策略:是指企业力图避免与实力最强的或较强的其他企业直接发生竞争,而将自己的产品定位于另一市场区域内,使自己的产品在某些特征或属性方面与最强或较强的对手有比较显著的区别。

优点:避强定位策略能使企业较快地在市场上站稳脚跟,并能在消费者或用户中树立形象,风险小。

缺点:避强往往意味着企业必须放弃某个最佳的市场位置,很可能使企业处于最差的市场位置。

2. 迎头定位

迎头定位策略:是指企业根据自身的实力,为占据较佳的市场位置,不惜与市场上占支配地位的、实力最强或较强的竞争对手发生正面竞争,而使自己的产品进入与对手相同的市场位置。

优点:竞争过程中往往相当惹人注目,甚至产生所谓轰动效应,企业及其产品可以较快地为消费者或用户所了解,易于达到树立市场形象的目的。

缺点:具有较大的风险性。

3. 创新定位

创新定位策略:是指企业寻找新的尚未被占领但有潜在市场需求的位置,填补市场上的空缺,生产市场上没有的、具备某种特色的产品。如日本的索尼公司的索尼随身听等一批新产品正是填补了市场上迷你电子产品的空缺,并进行不断的创新,使得索尼公司即使在二战时期也能迅速的发展,一跃而成为世界级的跨国公司。采用这种定位方式时,公司应明确创新定位所需的产品在技术上、经济上是否可行,有无足够的市场容量,能否为公司带来合理而持续的盈利。

4. 重新定位

重新定位策略:是指公司在选定了市场定位目标后,如定位不准确或虽然开始定位得当,但市场情况发生变化时,如遇到竞争者定位与本公司接近,侵占了本公司部分市场,或由于某种原因消费者或用户的偏好发生变化,转移到竞争者方面时,就应考虑重新定位。重新定位是以退为进的策略,目的是为了实施更有效的定位。例如万宝路香烟刚进入市场时,是以女性为目标市场,它推出的口号是:像五月的天气一样温和。然而,尽管当时美国吸烟人数年年都在上升,万宝路的销路却始终平平。后来,广告大师李奥贝纳为其做广告策划,他将万宝路重新定位为男子汉香烟,并将它与最具男子汉气概的西部牛仔形象联系起来,树立了万宝路自由、野性与冒险的形象,从众多的香烟品牌中脱颖而出。自20世纪80年代中期到现在,万宝路一直居世界各品牌香烟销量首位,成为全球香烟市场的领导品牌。

市场定位是设计公司产品和形象的行为,以使公司明确在目标市场中相对于竞争对手自己的位置。公司在进行市场定位时,应慎之又慎,要通过反复比较和调查研究,找出最合理的突破口,避免出现定位混乱、定位过度、定位过宽或定位过窄的情况。而一旦确立了理想的定位,公司必须通过一致的表现与沟通来维持此定位,并应经常加以监测以随时适应目标顾客和竞争者策略的改变。

五、市场分析

市场预测是由一家权威的市场调研机构对未来几年里各个市场的需求的预测,应该说这一预测有着很高的可信度。但根据这一预测进行企业的经营运作,其后果将由各企业自行承担。P1产品是目前市场上的主流技术,P2作为对P1的技术改良产品,也比较容易获得大众的认同。P3和P4产品作为P系列产品里的高端技术,各个市场上对他们的认同度不尽相同,需求量与价格也会有较大的差异。

(一)五大市场预测图(以12组为例)

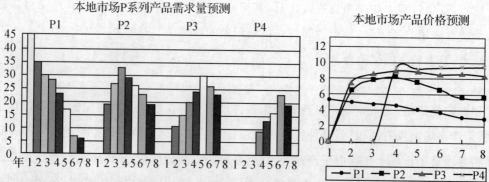

本地市场将会持续发展,对低端产品的需求可能要下滑,伴随着需求的减少,低端产品的价格很有可能走低。后几年,随着高端产品的成熟,市场对P3、P4产品的需求将会逐渐增大。由于客户对质量意识的不断提高,后几年可能对产品的ISO9000和ISO14000认证有更多的需求。

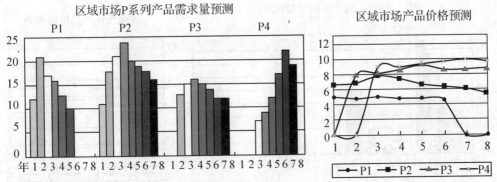

区域市场的客户相对稳定,对P系列产品需求的变化很有可能比较平稳。因紧邻本地市场,所以产品需求量的走势可能与本地市场相似,价格趋势也应大致一样。该市场容量有限,对高端产品的需求也可能相对较小,但客户会对产品的ISO9000和ISO14000认证有较高的要求。

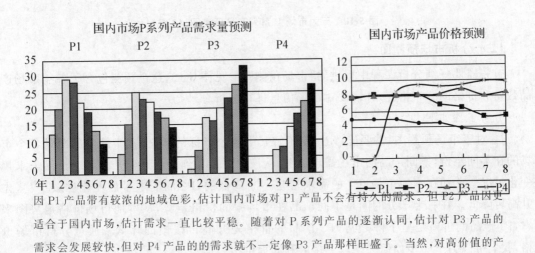

因P1产品带有较浓的地域色彩,估计国内市场对P1产品不会有持久的需求。但P2产品因更适合于国内市场,估计需求一直比较平稳。随着对P系列产品的逐渐认同,估计对P3产品的需求会发展较快,但对P4产品的的需求就不一定像P3产品那样旺盛了。当然,对高价值的产品来说,客户一定会更注重产品的质量认证。

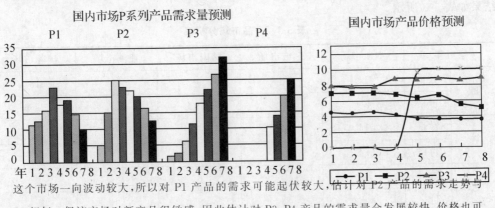

这个市场一向波动较大,所以对P1产品的需求可能起伏较大,估计对P2产品的需求走势与P1相似。但该市场对新产品很敏感,因此估计对P3、P4产品的需求量会发展较快,价格也可能不菲。另外,这个市场的消费者很看重产品的质量,所以没有ISO9000和ISO14000认证的产品可能很难销售。

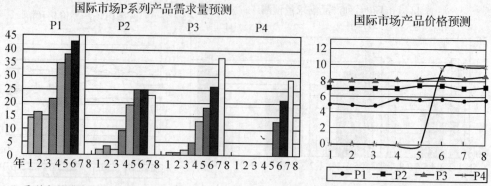

P系列产品进入国际市场可能需要一个较长的时期。有迹象表明,对P1产品已经有所认同,但还需要一段时间才能被市场接受。同样,对P2、P3和P4产品也会很谨慎的接受。需求发展较慢。当然,国际市场的客户也会关注具有ISO认证的产品。

图5-10 五大市场P系列产品预测图(12组)

(二)分析市场预测图

首先需要仔细分析课程中提供的"市场预测",参见图5-10,这个预测包含了各年市场产品数量和价格的分布情况,并需要对市场信息进行分析。

分析步骤如下:

1. 对于市场预测图,需要能够看懂,了解其中各个指标的涵义,左半部分的图是各个市场的在不同年份,不同产品的市场需求量图,从该图可以看到沙盘运营几年各个产品需求量变化情况。比如在本地市场,P1的需求量是不断降低的,P2的需求量的变化比较平稳,先升高再降低。在右半部分的图是不同产品在市场中的价格走势,从本地市场价格走势图来看,P1产品的价格是呈下降趋势,P2产品的价格先升高再缓慢的降低。通过分析市场价格,我们可以为下一步如何去赚取更多的利润提供很多信息。

2. 把市场预测用EXCEL表格进行统计,内容包含第几年、产品以及具体市场分类,统计结果如表5-3所示。

表5-3 产品市场分析表

第五年		本地市场	区域市场	国内市场	亚洲市场	国际市场
P1	数量	11	4	9	11	18
	价格	4.1	5	3.99	3.7	5.56
P2	数量	14	7	11	11	
	价格	8.43	6.3	6.4	6.6	
P3	数量	10	7	8	8	
	价格	8.31	8.4	8	9	
P4	数量	5	4	2		
	价格	8.8	9	8.5		

3. 采集完相关数据之后,下面需要计算几组数据,分别如下:

(1) 均单量。

均单量＝市场总需求/组数

根据均单量的计算，各组能够大概清楚系统的放的订单量，以后可结合竞争对手情况进行广告费的投入。

(2) 计算所需要增设生产线。

计算公式为：需增设生产线字段＝总需求/48，除 48 的含义是有 12 家公司，每条全自动生产线一年生产 4 个产品，得到平均每公司所需全自动生产线数。

(3) 计算每个产品的毛利。

计算公式为：毛利＝每个产品的单价－产品的直接成本，并用 EXCEL 画出每个产品的毛利变化的趋势图。

比如 P1 如果价格是 5M，那么毛利为 5M－2M＝3M，即卖掉一个 P1 能够赚到三百万。通过计算每个产品的毛利，根据企业的目标以及市场需求等状况，来制定产品定位策略。

(三) 竞争对手分析

沙盘实训中竞争气氛异常激烈，如果对竞争对手缺乏了解且不能制定相应的对策时，必定会"经营惨淡"。

许多队员对竞争对手的了解仅限于知道去了解对手的广告计划，这是远远不够的，如果能将所有竞争对手情况进行汇总，特别是你的主要竞争对手，这样才能进行综合比较。

通常了解竞争对手的工作由商业间谍来完成，商业间谍在分析竞争对手过程中，应当具备综合分析能力和前瞻性。具体工作内容和要求如下：

1. 明确竞争对手产品研发与市场开拓信息。不但要了解对手研发新产品的品种，还要了解对手研发周期，了解对手何时何地可以进入哪个市场。

2. 了解对手可销售量情况。关注对手库存情况、生产线产能情况、新建生产线开工情况、计算对手产能。

3. 了解对手资金状况。关注对手当前现金、应收款状况、贷款偿还以及可能产生的新贷款情况等，进而初步估计对手可能的广告投入。

4. 关注对手可能的合作伙伴。

5. 关注对手管理现状。了解对手经营气氛、CEO 表现、营销总监的个性、大体估计对手可能的策略等。

了解竞争对手特别是主要竞争者是非常重要的"知彼"，成功经营的小组通常"深谙此道"！

任务总结

市场规模和自己的资源总是有限的，一个小组不可能将订单的全部或大部分拿走，即广告投入不可能铺天盖地，因此，必须考虑主打哪个市场——市场定位，以及主打哪个产品——产品定位，因此对市场的分析内容首先在基于市场预测的把握以及竞争对手的分析基础上完成，每个公司运行具有差异性，因此市场分析报告部分内容根据每组情况进行商定。

实训任务 2　制定企业广告投入策略

广告策略是将广告目标具体化为一系列实践方法,是企业在广告活动中为取得更大的效果而运用的手段和方法。站在企业家的立场来看,广告策略首先是促销的一种手段,是企业的一种投资行为,用广告大师奥格威的经典名言来说:"我们的目的是销售,否则便不是做广告。"所以广告成本投入对经济效益产出的贡献程度是评价广告策略的标准,即最好的广告策略将是以最少的广告投入达到最大的效益产出。那么,在沙盘运营过程中广告策略如何来制定对于企业来说,是至关重要的。请制定企业的广告投入策略。

任务研修

一、国内企业广告投放的现状

1994 年首届中央电视台广告竞标中,孔府宴酒以 3079 万元夺得 1995 年"标王"桂冠,当年即实现销售收入 9.18 亿元,利税 3.8 亿元,成为国内知名品牌。第二年,秦池竞标成功,于 1996 年实现销售额 9.5 亿元,利税 2.2 亿元。1996 年底,秦池又以 3.2 亿报价再度中标。1997 年,爱多公司成为"标王",到 1997 年春节,该公司日产 20 000 台 VCD 仍供不应求,企业发展蒸蒸日上。从中可以看到,相当多企业不惜血本地投入资金追逐具有优势的广告投放媒体(如此处的央视),希望能给企业带来的销售上的巨大成功和丰厚利润,将之视为企业获利的重要途径。

巨额的广告投入良好的传播渠道会给企业带来繁荣,但企业持续健康发展是有条件的。孔府宴酒厂巨资竞标成功后,品牌提升,利益丰厚。但片面追求产量,兼并小酒厂,最终经济指标下滑,酒厂易主。秦池则因广告费用投入巨大而难以实现产业结构调整,同时被披露出勾兑白酒出售。到 2002 年,秦池销售额为 1996 年的三十分之一。1998 年的标王爱多为争做行业老大,投入巨资却无相应回报;VCD 行业发生转折时,缺应对之策;拖欠材料供应商款项;再后来多元化战略失败,高层人才流失,最终走上绝境。

像孔府宴酒厂终因结构调整不力,从产品品质下滑到整个企业灭亡,巨额的广告进一步将其推出市场竞争大局。秦池则在标王光环下盲目扩张,忽视品质及管理失误,最终也输掉了企业。上述各家企业尽管走向末路的具体原因不同,导火索却都可归为标王的竞标成功。竞标广告标王不是不可以,关键是企业要依据自身情况并按企业发展的长远规划来参与竞标。否则,一味在广告投入巨资,即使有暂时的繁荣,要想保持也是不易。

面对不断变化的市场、消费者与竞争,我们的策略不能一成不变。特别要在事物发生变化的前后敏锐地发现可能出现的新变化。国内对于广告战略性的研究在近 30 年的发展中已非常成熟,但对于广告具体投放的策略及其效益的研究却相对落后。但具体的实施方案是一个战略成败的关键,细致的市场细分、切实的操作程序和正确的分析是制定一个效益最大化广告投放策略不可或缺的条件。

二、广告投放策略制定的程序

制定广告投放策略的目的就是为了有计划有步骤地去实施,否则就是一堆废纸。因此策略的实施才是检验策略制定的正确与否,实现企业效益的关键,为此广告投放策略的实施应按步骤进行。第一步,收集分析资料;第二步,确定策划的具体目标及实施方案;第三步,预算经费;第四步,预测效果;最后,修正。管理的本身就是一个不断修正的过程,尤其是针对不断变化的环境,这种闭环式的模式是非常必要的。广告投放策略的程序如图5-11所示。

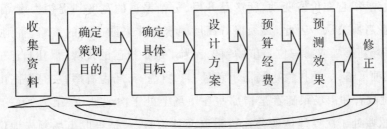

图 5-11　广告投放策略的程序

(一) 收集资料

信息的不对称,往往是造成企业所制定的策略失败的主要原因。它会导致对市场容量或竞争对手的错误判断,使得所制定的策略不能与环境相匹配。另外,信息资料的缺乏,会隐藏部分重要信息,阻碍了企业全面了解市场情况和经营状况。所需收集的资料包括以下四方面:

1. 产品数量:产品数量应该针对细分市场中的不同产品进行统计。当某市场中某种产品的数量越大,则定单数目越多,其单张定单的产品数量也会相对较大。可以在制定投放广告时适当增大投入,以获得数量较大的定单从而减轻企业整体销售压力。

2. 产品价格:产品的价格是影响毛利大小的直接因素。产品的价格趋势即产品的生命周期,企业的销售策略应当跟随不同产品的不同时期进行有侧重点的变化,以求获得该产品的更高利润。

3. 质量条件:产品质量条件的不断发展,是一个可持续发展的策略应该注重的。在ERP沙盘中,ISO9000和ISO14000是产品质量条件的约束。越高端的产品对于产品质量认证的要求越高,随着市场的不断发展,对生产条件的要求也会随之走高,同时产品单价也越高。

4. 竞争者状况:企业除了处于市场垄断状态以外,对竞争者的分析是最为重要的。因为竞争者与自身在产品组合和细分策略上都十分相似,究竟是利用差异化策略来规避风险还是采用激进的方式击败对手,都需要对竞争者的各方面进行了解。

(二) 确定策略的具体目标及实施方案

企业目标是未来一定时期内所要到达的一系列目标,它包括例如利润、投资收益率、净资产收益率等。对于广告投放策略而言,企业的目标为销售总额、销售费用率和市场占有率。目标的确定需要结合分析多重因素,并利用量化分析。量化的指标更能真实地反映所达到的边际效益。对于具体的实施方案,应当注重兼具市场细分和产品细分两方面。只有具有侧重点的方案才能使得每一笔广告费用用在刀刃上,然而这是建立在一个精确的预算上的。所以,稳健的财务状况是实施任何计划的前提,因此预算的精准度十分重要。

从处于不同市场地位的企业的角度出发,实施方案的策略的目的各有不同。即广告投放策略的方向主要可以分为以下几种:

1. 市场领先者是指在相关产品的市场上占有率最高的公司。市场领先者如果没有获得法定的垄断地位,必然会面临竞争者的无情挑战。一般说来,大多数行业都有一家公司被认为是市场领先者,它在价格变动、新产品开发、分销渠道的宽度和促销力度等方而处于主宰地位,为同业者所公认。因此,必须保持高度的警惕并采取适当的策略,否则就很可能丧失领先地位而降到第二或第三位。市场领先者为了维护自己的优势,保住自己的领先地位,通常可采取三种策略:一是扩大市场需求总量;二是保护市场占有率;三是提高市场占有率。

2. 市场挑战者和市场跟随者是指那些在市场上处于次要地位(第二、第三甚至更低地位)的公司。这些处于次要地位的公司可采取两种策略:一是争取市场领先地位,向竞争者挑战,即市场挑战者;二是安于次要地位,在"共处"的状态下求得尽可能多的收益,即市场跟随者。每个处于市场次要地位的公司,都要根据自己的实力和环境提供的机会与风险,决定自己的竞争策略是"挑战"还是"跟随"。市场挑战者如果要向市场领先者挑战,首先必须确定自己的战略目标和挑战对象,然后还要选择适当的进攻策略。

美国管理学专家莱维特曾著文认为,产品模仿有时像产品创新一样有利。因为一种新产品的开发者要花费大量投资才能取得成功,并获得市场领先地位,而其他公司(市场跟随者)从事仿造或改良这种产品,虽然不能取代市场领先者,但因不需大量投资也可获得很高的利润,其盈利率甚至可超过全行业的平均水平。

3. 市场跟随者与挑战者不同,它不是向市场领先者发动进攻并谋求取而代之,而是跟随在领先者之后自觉地维持共处局面。这种"自觉共处"状态在资本密集且产品同质的行业(如钢铁、化工等)中是很普通的现象。因此,这些行业中的公司通常彼此自觉地不互相争夺客户,不以短期的市场占有率为目标,即效法领先者为市场提供类似的产品,因而市场占有率相当稳定。在这些行业中产品差异性很小,而价格敏感度甚高,随时都有可能发生价格竞争,结果导致两败俱伤。

但是,这不等于说市场跟随者就无所谓策略。每个市场跟随者必须懂得如何保持现有顾客,并争取一定数量的新顾客;必须设法给自己的目标市场带来某些特有的利益,如地点、服务、融资等;还必须尽力降低成本并保持较高的产品质量和服务质量。市场跟随者也不是被动地单纯追随领先者,它必须找到一条不致引起竞争性报复的发展道路。

抗风险能力的强弱,是评价广告投放方案的重要指标。一个拥有良好抗风险能力的方案,更益于企业目标的达成。但这种弹性的方案是需要广告成本的投入;然而增大的上下幅度也是取决于广告费用的预算。

（三）预算经费

广告营销不是无节制，不计成本的活动。活动脱离营销计划而运行，目标的不切实际，利用公司有限的资源投入到无利可获的营销活动中，营销队伍占有公司巨额的资源而贡献甚小等等，这些种种失控表现对于公司意味着成本的增加。

企业在编制总的广告预算时，先要按照下述步骤准备一份广告预算申请书：（1）尽可能详细地限定其广告目标，该目标最好能以数字表示；（2）列出为实现该目标所必须完成的工作任务；（3）估计完成这些任务所需要的全部成本。这些成本之和就是申请额，申请额即构成企业所必需的总的广告预算。但这样的方法有可能导致广告费用的虚高，影响企业利润。因此，应该先估算广告成本的效益，再制定具体的广告费用。实际上，就是对其进行修正。在不同的市场环境和内部条件下，预算经费的目标和依据有所不同。主要分为以下四种：

1. 以企业营销目标、营销活动内容为依据。这是根据企业的目标，首先预测要达到该目标需采用的措施和手段，然后根据实施这些措施所需要的费用来确定总营销费用。这样制定预算要求对投入项目做认真的分析，确定合理的目标。同时，要提前进行细致的安排，还需要做好市场调研以减少市场的不确定性带来的风险。

2. 以企业的资源限度为依据。以资源为依据制定预算在企业资源偏紧的情况下，关键是做好预算结构的优化工作，以在预算限度下取得尽可能好的收益。理论上说，这种预算制定方法是不合理的，因为它与企业的目标脱节了，并且容易出现不能满足或超出预算属实际需要的情况。即业绩良好时企业的资源丰富，但此时却不需要太多的预算；而业绩不佳，需要增加营销力度时，却由于资源不足拿不出太多的营销费用。

3. 以市场为依据。可以根据企业目标确定的销售额，以一个平均的比例安排预算。这样，使费用和实绩相联系，方法简单且比较稳妥。这种预算方法的前提是市场环境变动不大，当市场出现较大变化时，预算的分配可能会与实际的需要发生偏离。

4. 以竞争导向为依据。企业的市场竞争对手在竞争中的投入体现了竞争的力量和竞争程度。企业可以参照竞争对手的水平确定自己的预算。企业的广告投入可以与竞争对手相当，或根据竞争需要调整，以保持企业在市场竞争中的实力。这种预算需要知道竞争对手的投入的水平。但是，竞争对手的投入水平一般情况下是很难识别的，这要求企业有较强的收集竞争情报的能力。

（四）预测效果

为了能更好地衡量策略的本身投放的效益，选择利用收入利润率分析方法进行效益的衡量。这里的利润，是指从销售总额扣除产品生产成本后的利润，计算公式如下：

收入利润率＝利润总额/销售收入总额×100%

上式是指销售所产生的利润占销售收入总额的比例，即是每一元的销售收入能产生多少的利润。利润总额与收入利润率成正比例关系，而销售收入总额与收入利润率成反比关系。企业在增加销售收入的同时，必须相应地获得更多的利润，才能使收入利润率保持不变或有所提高。通过分析收入利润率的升降变动，可以促使企业在扩大销售的同时，注意改进经营管理,提高盈利水平。

然而比率不是一个绝对数值,在不同的市场和竞争环境下,该比率会有所不同。当市场容量较大时,收入利润率高;当市场容量较小且竞争激烈的情况下,则该比率偏低。所以,对广告投放效果的预测,应当采用动态的参考值,才能准确的定位。

（五）修正

修正的只是针对不合理的方面采取措施,因为存在同样的策略适用于多种市场及竞争状况。管理中控制的就是一个针对变化而进行的过程。所以对广告投放策略的修正,都需要经过调研和再预测。修正主要是两方面:转变投放的目标或投放量的改变。两种修正的过程和目的均有差异,前者是定性的改变,后者是定量的改变。

投放的目标的修正,就是对市场状况和竞争者的策略再次调查后,对广告投放策略的侧重点的调整。当企业目标转变或是费用预测方法的改变,都有可能进行这样的修正。很多时候对目标的修正是规避风险的一种做法,就像百事可乐的市场定位一样,为了对抗拥有相类似产品的可口可乐公司,他们将其产品的消费群进行区分。

投放量的改变,即是对竞争状况和内部环境的再评估。在竞争状况变得激烈或是内部需求扩张的情况下,会加大广告额的投放;反之,则需要减少。这种量的变化需要经过内部财务的预测才能实施。

三、影响广告投放策略制定的因素分析

在买方市场条件下,产品不断升级换代,市场竞争激烈。在这种情况下,公司即使加强销售环节,采用有利的推销术和广告术也不能圆满地解决产品的销售问题。严峻的市场现实,迫使公司认识到:必须以消费者和用户的需求作为推动公司活动的轴心,加强市场营销观念。因而,对市场变化的了解及程度的预测,成为了制定和修正营销策略的关键。然而影响营销策略的因素归结起来主要有两方面:外部因素和内部因素。

（一）外部因素

外部因素主要分为两种:一种是相对固定的已知的市场的需求总量、价格走势和各个区域对产品质量要求的情况;另一种则是不断变化的竞争者策略、规模和财务状况。

1. 总需求

在ERP沙盘实训中,不同组别的系统会有不同市场模拟状况,利用柱状图来标明五个市场的不同时期、不同产品的需求量,即订单数量。通过对市场的需求数据的走势分析,可以大致判断企业的产能分布和发展状况。

2. 产品价格趋势

产品价格趋势是企业制定全方位战略的关键之一。产品的价格直接与企业的利润相关系,因此价格趋于上升趋势的产品都将成为竞争的主要方面。但往往高价的产品都与开发成本和质量要求有关,也就是我们常说的进入障碍。在进入新的行业时,公司如果需要大量的投资,则会考虑是否进入或如何进入。特别是,对于资金密集型的行业来讲,公司如果筹

不到足够的资金,便很难进入该行业。即使贸然进入,也要承担巨大的投资风险。

3．质量要求

沙盘中,ISO9000和ISO14000认证是产品生产质量的两个级别。对质量的要求并非对所有产品,而是根据市场中客户的需要出现在某一些订单中。然而这些订单也主要集中在某些高端产品中,这也是成为进入障碍的方面之一。当某些企业在一味扩大生产和销售的时候,却忘记了产品质量的重要性,其结果会是很严重的。

4．市场竞争情况

对细分市场的竞争对手进行分析,先要确定应当考察哪些竞争对手,为此,不仅要关注所有明显存在的竞争对手,还应预测潜在的竞争对手。竞争对手的能力分析有助于我方判断其战略态势。竞争对手的能力只有在与我方的比较中才能确认,诸如在产品、销售渠道、营业推广、生产及成本、组织管理、研发、投资组合、财务实力等方面。

(二) 内部因素

内部因素的确立应该是建立一种比例值之上,单纯的数字是没有太大的意义,只有放在市场中,与所有的参与者进行对比才有参考的价值。分析内部因素也与分析竞争者的状况相同,因为对竞争者的分析的目的是与自身进行比较,也只有相关的数值和比率之间比较才有意义。

1．市场及产品组合策略

根据对市场的总需求、价格走势和竞争激烈情况进行分析,在制定市场及产品组合策略的时候除了要扩大发展之外,策略的最重要作用就是如何让企业能够在保证发展的同时,最大程度的规避风险。所以,这样的市场及产品策略的制定,是需要一个健康的可持续发展的财务状况之下的。

2．规模

规模的发展不仅仅是建立在产线数或是产品数量上,体现企业资产价值的关键是生产线和产品的价值有多大。所以,企业与其盲目地扩大生产线数量和产品数量,倒不如关注如何提高其价值。

3．财务状况分析及广告费用预算

财务状况的分析,即企业价值的分析,要通过建立评价价值的指标体系全方位的进行,从而反映出本企业真实的财务状况;整体管理能力的分析,要从高、中、低几个层面分别做出评判,看本企业的管理者是否将有限的各种资源有效地组织起来,达到盈利更多的目的。总体营销预算是企业为执行营销计划而需要的总费用的概算。这也是最影响企业销售和发展的关键因素,在企业预算和营销预计费用的相互作用下,企业需要从多方面进行制定。

四、应用ERP沙盘模拟分析广告投放效益的趋势

(一) 整合经营数据

销售利润率是衡量费用收益率的重要指标。它反映的是广告费用的投入所产生的利润占广告费用总额的比例,即每一元的广告费用能产生多少的利润。

销售利润率＝利润总额/广告费用总额×100％

从客观方面来说，在不同的市场容量和竞争情况下，广告投放的比率会有所不同；从主观方面来说，企业目标的高低和企业规模的大小对该比率也会产生影响。因此，数据由广告投放总额、利润和规模三部分组成。广告投放总额，是每年度某一企业在各个市场投放的总和；利润，指的是销售总额扣除生产成本后所得；规模，是最大生产产能与产品平均价格的乘积所得，它体现了企业的生产能力和企业的价值。

三组数据来源于 ERP 沙盘中的经营报表，从报表中的费用、固定资产和利润表中，分别可得出广告费用总额、规模和毛利的相关数据。规模中的最大生产产能则需要根据固定资产表中的机械设备、费用表中的设备维护费和利润表中折旧，再结合不同生产线在不同时期的剩余价值进行推算。

（二）广告投放额与生产规模、利润之间的关系

1. 广告投放额与规模之间的趋势关系

市场容量的大小，影响企业目标的制定。针对各自的内部状况，为了达到目标所制定的广告投放策略的失常定位和产品定位都有所不同。企业在发展的初期为了抢占更多的市场份额，对广告费用投入的增加率较大。随着市场容量的增大，企业的规模也在逐渐增大时，企业广告投放的额度会在某范围内波动。如图 5-12 所示。

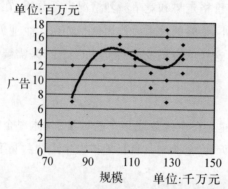

图 5-12　ERP 沙盘经营数据中广告和规模比率趋势图

在规模值为 80～100（千万）时，广告费用的投入也从 8（百万）上升到 15（百万），接近一倍的增长。然而当企业规模值大于 105（千万）并逐渐增大，相对应的广告投放额却在 12～14（百万）之间波动。其中原因主要有以下三个：

（1）市场容量的增大。当市场容量的不断增大，企业在投放广告时所面临的风险减小，广告费用的弹性减小。当市场的需求与企业的供给相对平衡时，企业对广告的投放量会趋于一个相对固定的投放区域内，减少广告成本以获得更大的利润。

（2）市场占有率的增大。企业发展前期对广告费用的投入产生的影响将延续，由此建立了该企业在市场上的地位。企业必然占据了一定的市场份额并从中获得了利润，才能够继续扩大发展。所以随着市场占有率的增长，企业的品牌和规模效应的影响下，企业对广告的投放更多的是为了维护现有的市场，因此广告投放费用将趋于平稳。

(3) 竞争者的减少。市场竞争是一个淘汰的过程，尤其是在新市场发展的开始需求量较小时，某企业的市场份额增加很大程度上是抢占了其他竞争对手的市场份额。被抢占市场份额的企业，由于利润太低将逐渐走向衰退。

2. 广告与利润之间的趋势关系

在本文的预测效果中提到的关于预测广告效果的方法：销售利润率＝利润总额/销售收入总额×100%。其公式的思想同样可以应用到广告利润率的分析上，广告利润率＝利润总额/广告费用总额×100%。所以这一比率的数值反映的不仅仅是广告费用获利，还反映了企业经营状况。在 ERP 沙盘的广告投放规则中，没有广告费用的投入就没有销售额的产生，这与现实市场中存在一定差距，但广告投放及利润的总体趋势是相似的。广告费用与利润比率趋势如图 5-13 所示。

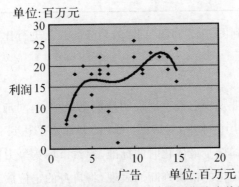

图 5-13　ERP 沙盘经营数据中广告和利润比率趋势图

广告费用的逐渐增大，其利润在某区间上随之上升，最大利润的出现在某区间内并在超过一定程度后出现利润为负的情况。如上图 5-13 所示，利润峰值出现在广告费用 10～15（百万）的区间内，峰值的后期也趋于下降趋势。导致这种趋势的原因主要有两个：

(1) 市场容量。供应和需求常常不相等，尤其是当供应大于需求的情况下，加大广告费用的投放是为获得更多的销售收入。但此时受限于市场容量，当广告费用增大到某程度时不能再获得更多的市场份额，利润也就受到了影响。

(2) 产品价格。产品价格直接影响企业的盈利能力，产品价格越高企业的盈利能力越强，可以投放的广告费用弹性也越大。但就如同市场容量一样，呈现一种区域性的上升和下降。当广告费用的投入大于利润时，企业利润也同样趋于负值。

对应不同的企业目标和内部环境，广告投放的策略存在差异。但在同一个市场中，能使企业获利最多且有更大发展空间的策略才是最好的。所以广告投放策略除了要与企业目标相匹配外，广告投放的获利能力是衡量广告投放策略优劣的关键。

(三) 影响广告投放效益的策略分析

从图 5-12 和图 5-13 可得出在 ERP 沙盘模拟经营情况中，企业的年平均广告费用在 10～15（百万）时获利最大，且企业的规模亦能得到平稳发展。说明在相应的市场情况下，这种广告费用的投放额，是最优水平。这种数量上的趋势只能给予企业在广告费用投放量的弹性上作为参考,对具体的广告投放方案的方向性指导作用不大。所以,就会存在即使广告费用达到最优水平但利润仍偏低的情况。如下表5-4所示,有广告费用投放额在最优化水平下,利润却远离最优曲线的企业。

表5-4 ERP沙盘经营数据中广告、利润和规模点远离趋势的特殊点　　单位:百万元

序号	广告费用总额	利润	规模
1	5	5	107
2	6	6	110
3	14	8	112.5
4	12	12	115
5	19	18	98
6	27	17	85
7	33	22	130

将表5-4中的数据放到图5-12和图5-13的趋势曲线上进行比对分析,表中的7组数据可分为3种情况。

1. 企业定位不准确

序号1及序号2的企业规模已经发展说明产能已经增大,对应图5-12的曲线其广告费用投放已达到12～14(百万)的水平;对应图5-13的利润水平达到20～24(百万)的水平上。但两企业的广告投放费用却低于最优化时的标准,导致市场竞争力减弱销售额减少,利润下降。这是一种对企业市场定位的错误判断的表现,将自身的定位放在了过高的位置,使得广告量投放不足不能获得目标利润。

2. 广告投放侧重错误

序号3及序号4,从图5-12分析可知在该种规模下企业广告投放的额度处在正常水平上,但对应图5-13其利润却远低于曲线范围。广告投放侧重错误常会导致类似问题的出现,即广告额投放在一些订单数量少或竞争过于激烈的市场上,造成销售总额及利润低于企业目标。

3. 错误判断市场及竞争情况

序号5、序号6及序号7的企业投放的广告费用较之对应其规模的企业相当的大,从图5-12可看到在规模值为80～100(百万)时,广告投放额为8～13(百万)。再从图5-13可知在相应广告投放额下,利润水平为16～20(百万)。但两企业获得的利润却不能与广告费用的投入成正比,使得销售利润比广告费用的投入还低,造成企业总体的亏损。对竞争情况的过分紧张、市场容量预测过大或企业目标过高,都会造成这种广告费用虚高影响企业获利的情况。

(四) 广告投放策略

综合以上的制定、绩效分析方法结合ERP沙盘实训的数据,归纳广告投放策略主要有以下四种:

1. 发展策略。发展的目的是为了扩大市场份额,甚至不惜放弃近期收入来达到某一目

标。发展策略适用于需要扩大市场份额和在竞争者众多的市场中。这种策略本身的投入大,相应的风险也较大。图5-13中,数据点落在曲线以下的点,就存在这样一种情况。企业在前期为了抢占更大的市场份额而大量投入广告,造成利润下降。但这种利润的下降会在中后期因为其市场地位的上升,广告压力的减小,弥补之前的损失。

2. 维持策略。维持的目的是保持业务单元的市场份额。当企业规模发展到一定程度时,市场和产品定位趋于稳定。规模的扩大,生产更多的产品企业面临的风险也会加大,所以在品牌和规模效应的影响下,企业减少对广告费用的投入量目标旨在维持现有市场份额。图5-12中当规模产值大于110(千万元)时,企业可以采取这种策略,将广告额控制在12~14(百万元)的范围内。

3. 收获策略。收获的目的在于增加战略业务单元短期现金收入,而不考虑长期影响。收获活动常常包括取消研究与开发费用,在设备到期时不更换,减少广告费用等。这一战略适用于产品生命周期处于峰值后期的情况下,这种产品前景黯淡但生产和开发成本低。结合图5-12和图5-13可以看出在发展中期,企业的广告投入上升速度快,广告的投入可以增大销售但同时对财务的压力也随之加大影响利润的增加,阻碍企业规模产值的发展。所以在这样的情况下,为了降低成本,企业可以采用这种策略。

4. 放弃策略。放弃的目的在于出售或清算业务,以便把资源转移到更为有利的领域。它适用于市场需求量大但价格低的产品,由于其利润空间小,阻碍了企业的发展。图5-12中企业规模发展到120(千万元)后,广告费用的投入应更着重于高价值的产品,企业的规模产值才能得到提升。

广告费用的投放与企业规模之间,由于受限于市场容量和竞争者多寡的影响,在发展的初期出现正比关系。但随着市场的逐步扩大和市场自然淘汰,广告投放额则会出现某范围内的波动。此时,正是修正广告量的投入是减少广告成本和增加利润率的关键,过多或过少的投放都会对企业产生影响。而广告利润率也受市场发展、产品价格和产品生命周期的影响,出现阶段性的峰值。企业目标和广告策略在这些峰值出现的前后需要进行调整修正,以控制广告费用投放的方向和投放量,规避由于市场变化和竞争者策略变化带来的风险。所以不同的策略应当根据不同的细分市场,结合企业自身的目标和策略进行调整,使得广告投放的效益最大化。

任务总结

广告投放的策略不仅仅是单纯的数额本身的大小问题,从制定到实施的每一个环节都需要进行预测和修正。在制定策略的过程中,需要对自身的目标定位和内外部因素充分把握,并及时进行调整,使广告投放效益最大。另外也需要学生们思考争取标王或者市场老大的地位对经营的影响。每年完成广告投放之后要进行相关评价和研究。

实训项目六　企业生产与采购计划的制定

学习内容

(1) 企业生产管理基本内容；
(2) 企业采购管理基本内容；
(3) 生产计划管理；
(4) 采购计划管理。

学习目标

1. 知识目标

(1) 了解企业生产管理基本内容；
(2) 了解企业采购管理基本内容；
(3) 熟悉生产计划制定过程；
(4) 熟悉采购计划的制定过程。

2. 能力目标

(1) 能够完成生产计划的制定；
(2) 能够完成采购计划的制定；
(3) 能够完成对计划的评价以及调整工作。

任务背景

在实训过程中，学生如何对"销售、生产与采购"等工作进行理性化思考呢？特别是如何考虑销售量、库存量、生产量、采购量以及相互之间的逻辑计算关系。需要思考产品研发周期与订单销售周期匹配，生产线建设周期与采购周期匹配以及生产、采购和现金流之间的关系问题。目前普遍的现象是很多学生甚至到经营结束时，仍然没有理清楚销售与生产关系，往往出现由于订单不足，造成库存挤压或者大量接订单导致无法按时交货。原材料订货总是"凭感觉"订货，原材料订购过多，有时根本就是"供应商空运"，也不去理会原材料的采购周期相关规则。

实训任务1 制定企业的生产计划

沙盘教学中的环境是"极度简单"的,这恰好有利于整体展示企业运作的全貌,否则若要整体体现企业的完整流程将是一个很"抽象"的工程。企业在运行过程中需要对产销理论进行全面的思考。因此,需要完成制定企业每年的生产计划。

任务研修

一、生产与运作管理概述

生产与运作管理(Production and Operation Management)是指对生产与运作活动的计划、组织和控制。生产与运作活动是指"投入—变换—产出"的过程,即投入一定的资源,经过一系列多种形式的变换,使其价值增值,最后以某种形式产出供给给社会的过程,也可以说,它是一个社会组织通过获取和利用各种资源向社会提供有用产品的过程。其中投入包括人力、设备、物料、信息、技术、能源、土地等劳动资源要素。产出包括两大类:有形产品和无形产品。投入产出中间的变换过程,也就是劳动过程、价值增值过程,即运作过程。生产管理的任务有:通过生产组织工作,按照企业目标的要求,设置技术上可行、经济上合算、物质技术条件和环境条件允许的生产系统;通过生产计划工作,制定生产系统优化运行的方案;通过生产控制工作,及时有效地调节企业生产过程内外的各种关系,使生产系统的运行符合既定生产计划的要求,实现预期生产的品种、质量、产量、出产期限和生产成本的目标。生产管理的目的就在于,做到投入少、产出多,取得最佳经济效益。

(一)生产管理地位

企业是一个有机的整体,企业管理就是一个完整的系统,它是由许多子系统组成的。生产管理作为一个子系统,在企业管理系统中处于什么地位,主要从它和其他子系统之间的关系上来考察。

1. 生产管理与其他子系统的关系

(1)生产管理与经营决策的关系。

经营决策——决策性地位,处于企业的上层,确定企业的目标、方针、战略、计划。生产管理——执行性地位,处于企业的中层,根据经营决策下达的具体任务、组织生产活动并保证实现。它们之间是决策和执行的关系。

(2)生产管理与技术开发管理。

技术开发——为生产管理提供设计图纸、先进生产技术、先进制造材料等。技术开发管理是生产管理的技术保证和后盾。

生产管理——为技术开发管理进行的科学实验提供信息和设备。

它们在企业管理系统中同处于执行性地位,保持着密切的协作关系。

(3) 生产管理与销售管理的关系。

生产管理为销售部门提供满足市场消费、适销对路的产品和零部件,搞好生产管理对开展销售管理工作、提高产品的市场占有率和增加企业活力有重要的意义。生产管理对销售管理起保障作用。同时销售管理为生产提供市场信息,是生产管理的产品的价值实现的保证。它们同处于生产性的地位,有着十分紧密的协作关系。

2. 生产战略是企业经营战略的重要组成

企业战略是总体战略和各分战略的集合体。它形成一个战略体系,生产战略是其中重要的组成部分。

生产战略是企业根据所选定的目标市场和产品特点来构造其生产系统时所遵循的指导思想,以及在这种指导思想下的一系列决策计划、内容和程序。

3. 生产管理与企业竞争优势关系

新产品开发、成本、质量、交货期四大竞争优势都与生产管理状况密切相关。这四个基本要素无不取决于生产管理的方式和效率。

其实,企业管理工作的内容很多,基本上可分为经营管理和生产管理两大部分。经营管理是对企业经营活动的管理,主要解决企业的生产技术经济活动问题,使企业同外部环境取得动态平衡;而生产管理是对企业生产系统的管理,主要解决企业内部人、财、物等各种资源的最优组合问题。所以二者的联系表现为:经营管理是生产管理的先导,生产管理是经营管理的基础。

(二) 生产管理的指导原则

1. 讲求经济效益

定义:最少的劳动消耗和资金占用,生产出尽可能多的适销对路的产品。

原因:提高经济效益是市场经济工作的出发点,当然也就是企业管理工作的出发点。

具体表现:在实现生产管理的目标上,做到数量多、质量好、交货及时、成本低廉。

综合经济效益:对产品的质量、数量、成本、交货期等经过综合考虑,在分别确定不同要求的基础上,使经济效益最优。

2. 坚持以销定产

定义:根据市场的要求安排生产计划。

原因:商品生产规律的要求。商品生产者生产的产品不是为了自己,而是为了出售。

坚持以销定产要做这些事情:

(1) 做好市场调查、预测和决策。

(2) 加强对生产管理者的教育,树立正确的经营思想,克服只埋头生产、不顾市场需要、不重视销售的单纯生产观点。

(3) 正确处理生产同销售的关系,原则是:重视销售,又兼顾生产。

3. 实行科学管理

定义:在生产过程中,运用符合现代大工业要求的一套制度和方法。

应做到:

(1) 建立统一的生产指挥系统,进行组织、计划和控制生产,保证生产过程正常进行。

(2) 做好基础工作,即建立和贯彻自己的规章制度。

(3) 加强职工培训,不断进行知识更新。

4. 组织均衡生产

定义:在相等的时间内,生产的产品相等或均匀递增。

例如:某机械厂的旬均衡率为3、3、4,即上、中、下旬分别完成合同生产任务的30%、30%、40%,有节奏、按比例地生产。

好处:

(1) 提高设备和工时的利用率。

(2) 建立正常的生产秩序和管理秩序,保证产品的质量和安全生产。

(3) 节约物资消耗,降低成本,加速流动资金周转。

5. 实施可持续发展战略

对生产过程的要求:

(1) 节约原料和能源。

(2) 淘汰有毒原材料并在全部排放物和废料离开生产过程以前减少它们的数量和毒性。

对产品要求:

减少产品在整个生产周期中对人类和环境的有害影响。

总的来说,生产管理的原则就是阶段性、适应性、科学性和均衡性,其中经济性是基本的,其他三项是为经济性服务的。在这期间,还要兼顾可持续性发展的战略方针。

二、新产品开发

在当今世界日趋激烈的市场竞争中,新产品的开发对一个企业,甚至一个国家、地区来说都至关重要。一个企业如果开发的商品屡屡失败,必将遭致破产;反之,则兴旺发达。国际上一些著名的企业之所以能在较短时期内取得惊人的进展,无不与新产品的开发成功有直接关系。因此,没有一个著名的企业和企业家不在新产品开发上努力的。

(一) 新产品概念

由于新产品开发的成效显著,人们越来越对其予以极大关注。然而,虽然新产品这词到处可见,但实际上,人们对其抱着不尽相同的理解。那么,到底什么样的产品算是新产品呢?我国国家统计局对新产品作过如下规定:"新产品必须是利用本国或外国的设计进行试制或生产的工业产品。新产品的结构、性能或化学成分比老产品优越。""就全国范围来说,是指我国第一次试制成功了新产品。就一个部门、地区或企业来说,是指本部门、本地区或本企业第一次试制成功了新产品。"

上述规定较明确地规定了新产品的含义和界限，这就是：新产品必须具有市场所需求的新功能，在产品结构、性能、化学成分、用途及其他方面与老产品有着显著差异。

根据上述定义，除了那些采用新原理、新结构、新配方、新材料、新工艺制成的产品是新产品外，对老产品的改良、变形、新用途开拓等也可称为新产品。

开发新产品的意义表现在很多方面，具体归纳为以下两方面：

1. 企业生存的需要

科技进步导致企业产品生命周期缩短，所以企业必须不断开发出新产品获得新生，如海尔的"创业""创新"经营理念：每天从零开始创业，每天都有新产品诞生，永远走在别人的前面。

2. 满足消费者需要

随着生活水平的提高和收入的增加，人们的生活方式和消费模式发生了很大变化，所以，企业必须不断开发出新产品，以满足人们更新的消费需求。

（二）新产品开发程序

开发新产品是一项十分复杂而风险又很大的工作。为了减少新产品的开发成本，取得良好的经济效益，必须按照科学的程序来进行新产品开发。开发新产品的程序因企业的性质、产品的复杂程度、技术要求及企业的研究与开发能力的差别而有所不同。一般说来要经历产生构思、筛选构思、概念发展与测试、初拟营销计划、商业分析、产品开发、市场试销和正式上市八个阶段。

1. 产生构思。新产品构思，是指新产品的设想或新产品的创意。企业要开发新产品，就必须重视寻找创造性的构思。构思的来源很多，主要有以下六个方面。

（1）顾客。生产产品是为了满足消费者的需求，因此顾客的需求是新产品构思的重要来源。了解消费者对现有产品的意见和建议，掌握消费者对新产品有何期望，便于产生构思的灵感。

（2）企业职工。企业职工最了解产品的基本性能，也最容易发现产品的不足之处，他们的改进建议往往是企业新产品构思的有效来源。

（3）竞争对手。分析竞争对手的产品特点，可以知道哪些方面是成功的，哪些方面是不成功的，从而对其进行改进。

（4）科技人员。许多新产品都是科学技术发展的结果。科技人员的研究成果往往是新产品构思的一项重要来源。

（5）中间商。中间商直接与顾客打交道，最了解顾客的需求。收集中间商的意见是构思形成的有效途径。

（6）其他来源。可作为新产品构思来源的其他渠道还比较多，如大学、科研单位、专利机构、市场研究公司、广告公司、咨询公司、新闻媒体等。

2. 筛选构思。这一阶段是将前一阶段收集的大量构思进行评估，研究其可行性，尽可能地发现和放弃错误的或不切实际的构思，以较早避免资金的浪费。一般分两步对构思进行筛选。第一步是初步筛选,首先根据企业目标和资源条件评价市场机会的大小,从而淘汰那些市场机会小或企业无力实现的构思;第二步是仔细筛选,即对剩下的构思利用加权平均评分等方法进行评价,筛选后得到企业所能接受的产品构思。

3. 概念发展与测试。产品概念是指企业从消费者角度对产品构思所做的详尽描述。企业必须根据消费者对产品的要求,将形成的产品构思开发成产品概念。通常,一种产品构思可以转化为许多种产品概念。企业对每一个产品概念,都需要进行市场定位,分析它可能与现有的哪些产品产生竞争,以便从中挑选出最好的产品概念。

4. 初拟营销计划。产品概念确定后,企业就要拟订一个初步的市场营销计划,并在以后阶段不断发展完善。

5. 商业分析。它是指对新产品的销售额、成本和利润进行分析,如果能满足企业目标,那么该产品就可以进入产品的开发阶段。

6. 产品开发。新产品构思经过一系列可行性论证后,就可以把产品概念交给企业的研发部门进行研制,开发成实际的产品实体。产品开发包括设计、试制和功能测试等过程。这一过程是把产品构思转化为在技术上和商业上可行的产品,需要投入大量的资金。

7. 市场试销。新产品开发出来后,一般要选择一定的市场进行试销,注意收集产品本身、消费者及中间商的有关信息,以便有针对性地改进产品,调整市场营销组合,并及早判断新产品的成效。值得注意的是,并不是所有新产品都必须经过试销,通常是选择性大的新产品需要进行试销,选择性小的新产品不一定试销。

8. 正式上市。如果新产品的试销成功,企业就可以将新产品大批量投产,推向市场。要注意研究选择适当的投放时机和地区、市场销售渠道以及销售促进策略。

三、新产品开发策略

企业的新产品开发策略可以有以下的方式可供参考:

1. 抢先策略。即是抢在其他企业之前,将新产品开发出来并投放到市场中去,从而使企业处于领先地位。采用抢先策略的企业,必须要有较强的研究与开发能力,要有一定的试制与生产能力,还要有足够的人力、物力和资金,要有勇于承担风险的决心。

2. 紧跟策略。即企业发现市场上的畅销产品,就不失时机地进行仿制进而投放市场。采用紧跟策略的企业,必须要对市场信息收集、处理和反应迅速,而且具有较强的、高效率的研究与开发能力。大多数中小型企业都可以采取这一策略。

3. 引进策略。即把专利和技术买过来,组织力量消化、吸收和创新,变成自己的技术,并迅速转变为生产力。它可以分为三种情况:(1) 将小企业整个买下;(2) 购买现成的技术;(3) 引进掌握专利技术和关键技术的人才。

4. 产品线广度策略。先解释何为产品系列。产品系列是指与生产技术密切相关的一组产品。而一个企业拥有的产品系列的数目,称为产品系列的广度。产品线广度策略按选择宽窄程度,分为宽产品系列策略和窄产品系列策略。前者指企业生产多个产品系列,每个系列又有多个品种,它是一种多样化经营策略,许多大型跨国公司和企业集团一般采用这一策略。后者指企业只生产一、两个产品系列,每个产品系列也只有一、两种产品。市场补缺者往往采用这一策略。宽产品系列策略是一种多样化经营策略,产品多样化经营,不仅分散了市场营销过程的种种风险,而且也避免了单一产品生产单一化的风险。

5. 产品线深度策略。所谓产品系列的深度,即是每个产品系列内品种规格的多少。当一种产品的销量迅速扩大时,有一定实力的企业可以以该产品为基准,及时推出他的系列产品,以便尽量占领多个细分市场。由于新产品新生命开发策略是在产品生命周期内进行的。产品周期是企业和市场经营中至关重要的课题,在进行新产品开发设计时,必须充分考虑产品的周期。产品周期一般分为开发期(企业内部进行的开发研究)、导入期(开始投放市场)、成长前期(被市场认可)、成长后期(与市场竞争)、成熟期(市场饱和状态)、衰退期(被市场淘汰)等6个时期。因此处于寿命周期的不同阶段,这种策略表现出不同的特色。

(1) 当产品进入介绍期时,采取尽量得到消费者信息反馈的策略,以便使生产部门进一步完善、改良产品的性能设计。

(2) 当产品进入成长期,销售量迅速扩大时,有一定实力的企业可以以该产品为基准,及时推出他们的系列产品(产品线),以便尽量占领多个细分化市场。此即对同一产品市场中不同的消费者群做区隔分析,使每一区隔的消费者群体的特殊需求得到满足。大企业往往在一系列产品上构成其他竞争对手难以克服的进入障碍,以此控制该类产品的国际市场。同时,由于推行产品系列化,公司就会拥有一个产品族,这样,当一种牌子行销无效时,还有其他几种牌子可以顶上。

(3) 当产品逐渐由成长期进入成熟期的时候,产品的利润量已经达到高峰,该产品可以找到的定位消费者已几乎全部找到,这时,企业一般多采取产品改良的方法,把前期的市场开拓策略改为市场渗透策略。市场竞争转向外形、包装、品牌、价格、服务等方面的竞争。

(4) 当产品进入衰退期时,可以采取两种对策,一是淘汰产品,二是寻找新的市场,延长其生命力。

在 ERP 沙盘模拟实训中,产品研发管理要做到以下匹配:

(1) 产品研发周期与市场开发周期的匹配。

产品研发拥有自己的周期,而产品市场开发也有自己的周期。产品研发完毕,但是如果市场开拓还没有完成,那么产品就会出现大量的囤积和浪费大量的研发费用。这对企业是不利的。所以,学生需要首先做好市场分析,以市场为导向,进行产品研发。

(2) 产品研发周期与生产周期、生产计划相匹配。

在我们实训中,往往会出现这种情况:有些组已经研发完毕了 P2,但是没有对应的生产线来生产或者生产线已经建好了,但是无法生产,原因是产品没有研发完毕或者原材料采购不足。这样都会造成研发费用的浪费以及生产线闲置,会进一步影响到企业的利润。

(3) 产品研发周期与企业资金相匹配。

不同产品的研发费用都是不同的,需要投入的资金也不同。一味求新,而不考虑企业资金问题会使企业陷入资金短缺的困境。资金对于一个企业来说是至关重要的,需要企业相关人员认真考虑。

(4)产品研发周期与质量认证投资相匹配。

产品研发有周期,质量认证投资也有周期,两者的匹配在市场选单中至关重要,特别是在后期,质量认证投资意味着企业更加重视产品质量管理和环境保护等绿色指标。

四、生产能力计算

生产能力是指企业在一定时期内,在合理的、正常的技术组织条件下,所能生产的一定种类产品的最大数量。

扩大企业的生产能力,可以采用不同的策略,通常有激进型策略和保守型策略。

激进型策略是指针对增长的需求,企业扩大生产能力的时间略超前于需求到来的时间,每次生产能力扩大的幅度较大。保守型策略采取稳扎稳打的方针,在需求增长以后再扩大企业的生产能力,每次扩大的幅度不大。

销售主管参加客户订货会之前,生产主管应正确计算企业的产能,并向销售主管提供可承诺量数据。

当年某产品可接单量=期初库存+本年产量+可能的外协加工数量

为了准确计算产能,首先您需要了解不同类型的生产线生产周期不同,期初在制品状态不同,本年完成的产品数也不同,如表6-1所示。四种生产线需要考虑他们的生产效率以及灵活性问题,生产效率是指单位时间生产产品的数量,在沙盘中通过生产周期体现出来,即不同生产线存在不同的生产周期,这样单位时间生产产品的数量就不同。灵活性是指转产生产新产品时设备调整难易性,也就企业转产需要的费用和时间。企业在面临四种不同的生产线时,如何选择是头等大事,也是相关人员必须通晓的。

表6-1 生产线类型与期初在制品状态都影响年生产能力

生产线类型	期初在制品状态	各季度完成的生产 1 2 3 4	年生产能力
手工生产线 四种状态	○ ○ ○	□ □ □ ■	1
	● ○ ○	□ □ ■ □	1
	○ ● ○	□ ■ □ □	1
	○ ○ ●	■ □ □ ■	2
半自动线 三种状态	● ○	■ □ ■ □	2
	○ ●	□ ■ □ ■	2
	○ ○	□ □ ■ □	1
全自动/柔性生产线两种状态	●	■ ■ ■ ■	4
	○	□ ■ ■ □	3

根据表6-1中,生产线生产安排,可以计算出每年的生产能力,并在此基础上制定出产品的生产计划即主生产计划。主生产计划制定出来之后,如果能正常执行,最重要的是需要和财务部门、采购部门之间的配合,生产需要支付加工费以及原材料。下面请制定企业的主

生产计划。生产计划是产品上线开始生产计划的制定,和产能计算相关数据有些不同,需要在计算时候加以注意。规则中规定,当产品生产好之后,可以在下面的步骤开始下一批生产进行生产安排,但同时需要原材料和加工费的支持。

表 6-2 企业 6 年的主生产计划

产品类型	第一年生产计划			产能
P1				
P2				
P3				
P4				
产品类型	第二年生产计划			产能
P1				
P2				
P3				
P4				
产品类型	第三年生产计划			产能
P1				
P2				
P3				
P4				
产品类型	第四年生产计划			产能
P1				
P2				
P3				
P4				
产品类型	第五年生产计划			产能
P1				
P2				
P3				
P4				
产品类型	第六年生产计划			产能
P1				
P2				
P3				
P4				

任务总结

ERP 沙盘模拟实训中的生产管理内容包括产品研发、生产计划管理、设备管理以及质量管理等内容,本次任务主要从产品研发以及生产计划的制定两个角度展开。主生产计划制定之后,说明了企业生产什么、生产多少、何时生产等关键问题,但是如何执行下去,需要其他部门的配合特别是财务部门的支持。

实训任务 2　制定企业的采购计划

主生产计划制定完成之后,我们可以得到物料需求计划,我们可以知道需要什么原料、需要多少原料来进行生产的物料清单和库存的详细信息。实现良好的库存管理是 ERP 沙盘实训中比较重要的一环。下面请根据主生产计划,首先画出 BOM 表,然后制定企业的原材料采购计划即物料需求计划。

任务研修

一、ERP 中的核心技术之——BOM(物料清单)的相关内容

BOM(Bill of Materials)通常称为"物料清单",就是产品结构(Product Structure)。BOM 是产品结构文件,它不仅列出某一产品的所有构成项目,同时还要指出这些项目之间的结构关系,即从原材料到零件、组件,直到最终产品的层次隶属关系。

在 MRPⅡ和 ERP 系统中,物料一词有着广泛的含义,它是所有产品,半成品,在制品,原材料,配套件,协作件,易耗品等等与生产有关的物料的统称。

在通常的 MRPⅡ和 ERP 系统中 BOM 是指由双亲件及子件所组成的关系树。BOM 可以是自顶向下分解的形式或是以自底向上跟踪的形式提供信息。

物料清单的数据项包括:父项物料代码和描述、子项物料代码和描述、使用点和工序号、子项类型、子项数量和数量类型、自制还是外购、有效日期、子项提前期偏置、损耗率等。

物料清单有两种不用的表现形式:树形结构的物料清单和缩排式的物料清单,如下图 6-1 和表 6-3 所示。

从图 6-1 可以看出,树形结构的物料清单中,处在物料清单顶层的物料 A 是产成品,A 是由三种物料构成的,分别是 B、C 和 G,B、C 和 G 称为 A 的直接组件。B 又由两种物料组成的,分别为 C 和 E,C 和 E 是构成直接组件 B 的零件。物料后面括号中的数量表示的是生产一个单位的该物料的父项需要该物料的数量。在该实例当中生产一个 A 需要 2 个 B,2 个 C 和 2 个 G。生产一个单位的 B 需要 1 个单位的 C 和 1 个单位的 E。

表 6-3　缩排式的物料清单

层次	零件	每单位父项所用的数量
0	A	
1	B	2
2	C	1
2	E	1
1	C	2
1	G	2

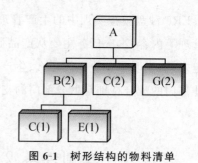

图 6-1　树形结构的物料清单

从表 6-3 来看,缩排式物料清单中最左边一列显示的是结构层次,处在层次 0 的是产成品,即 A。处在层次 1 的是组成产成品 A 的直接组件,即 B、C 和 G。处在层次 2 的是组成直接组件的零件,即 C 和 E。因为层次 2 的两种物料 C 和 E 是位于直接组件 B 的下方,所以 C 和 E 是组成 B 的零件。最右边显示的是每种物料之间的数量关系。生产 1 个 A 需要 2 个 B、2 个 C 和 2 个 G,生产 1 个 B 需要 1 个 C 和 1 个 E。

下面举例一个桌子的 BOM,对桌子的定义中,X 是最终的产品,而 A\B\C\D 全部是半成品,F\R\O\P 是最初的原料,具体见图 6-2 所示。

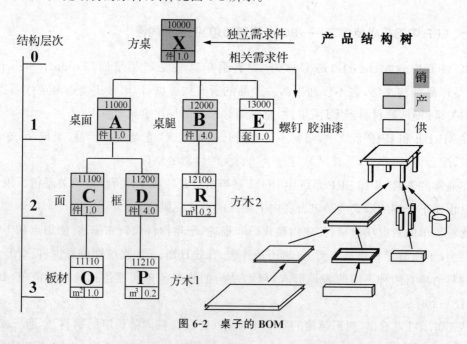

图 6-2　桌子的 BOM

物料清单是一个制造企业的核心文件。各个部门的活动都要用到物料清单,生产部门要根据物料清单来生产产品,库房要根据物料清单进行发料,财务部门要根据物料清单来计算成本,销售和订单录入部门要通过物料清单确定客户定制产品的构形,维修服务部门要通过物料清单了解需要什么备件,质量控制部门要根据物料清单保证产品正确生产,计划部门要根据物料清单来计划物料和能力的需求,等等。

通过 BOM 信息,还可以方便地考核各部门的业绩,可以方便地抽取信息进行统计与分析;

如果有了新的BOM资料需求，还可以利用原来的BOM资料构造新的BOM资料，简化近似BOM资料的编制工作。如果对BOM信息深入研究，还可以通过不同的产品BOM资料来研究其他产品BOM资料的错误检查，以免计算机输入或人为修改带来的错误，将错误率降到最低。

BOM是任何管理系统中的基础，它几乎与企业中的所有职能部门都有关系，如果没有BOM，就无法制造出同样的产品，直接影响到系统的处理性能和使用效果。为此，要想提高生产管理系统的效率，BOM准确与否是十分重要的。尽管数据已经非常准确，但也不要忽视人的重要性，对于特殊变化，利用手工在系统中对BOM信息的内容进行增加、删除和修改等编辑工作，可以顺利完成任务。

如果不能做到在正确的时间以正确的数量生产或采购正确的物料，这将引起一系列严重后果：

(1) 交货期得不到保证，客户服务水平低下。

(2) 增加库存，积压资金。由于物料清单不准确，为了保证生产的正常进行，惟一所能采取的措施就是多存物料了。

(3) 生产率降低。生产车间不能在正确的时间按正确的数量得到正确的物料，生产时时受阻。

(4) 成本增加。额外的钱花在不必要的库存上，催货人员东奔西跑寻找物料解决短缺问题，物料清单的维护成本增加。

(5) 企业内各部门协调困难，因为物料清单是企业内部联系和协调的基础。

(6) 影响员工的士气。

(7) 浪费资源。关键的资源包括人、物料、能力、资金和时间。任何一个企业内的资源都是有限的，正确的物料清单是有效地利用资源的基础。

二、采购计划的制定

原材料采购涉及两个环节，签订采购合同和按合同收料，原材料采购计划的制定不仅与生产有关，而且与财务也有密切的关系。编制采购计划需要注意采购提前期问题，做到原材料的及时供应，与生产衔接紧密，货物到达企业时，必须照单全收。

(一) 采购作业管理

1. 采购作业管理内容和步骤

采购作业管理是非常重要的管理环节。为了按期交货满足客户需求，第一个保证环节就是采购作业。采购物料的价值和费用在很大程度上影响着产品成本和企业利润。

采购作业管理的工作内容：货源调查和供应商评审、选择供应商和询价、核准并下达采购订单、采购订单跟踪、到货验收入库、采购订单完成。

采购工作通常包括以下步骤：从各职能部门和库存管理部门获得对各种物资的需要量；了解对各种物资的技术要求和等级；按不同的供应商将物资分类编组；对特定的物资进行招

投标；按价格、质量、交货期等进行评标；选择供应商，发出订单后，进行催货；掌握供货流程，检查到货进度和质量情况；随时记录价格、质量等信息，以便对供应商进行评价。

2. 准时化采购

准时化采购和准时化生产一样，它不但能够最好地满足用户需要，而且可以极大地消除库存、最大限度地消除浪费。从而极大地降低企业的采购成本和经营成本，提高企业的竞争力，对提高企业经济效益有着显著的效果。

与传统采购面向库存不同，准时化采购是一种直接面向需求的采购模式，它的采购送货是直接送到需求点上。

用户需要什么，就送什么，品种规格符合客户需要。

用户需要什么质量，就送什么质量，品种质量符合客户需要，拒绝次品和废品。

用户需要多少就送多少，不少送，也不多送。

用户什么时候需要，就什么时候送货，不晚送，也不早送，非常准时。

用户在什么地点需要，就送到什么地点。

以上几条，即是 JIT 采购的原理，它既做到了很好的满足企业对物资的需求，又使得企业的库存量最小，只要在生产线边有一点临时的存放，一天工作完，这些临时存放就消失了，库存完全为零。依据 JIT 采购的原理，一个企业中的所有活动只有当需要进行的时候接受服务，才是最合算的。

传统采购是填充库存，并以一定的库存来应对企业需求，为了保证企业生产、经营的正常进行和应付物资采购过程中的各种不确定性（如市场变化、物资短缺、运输条件约束等），常常产生大量的原材料和外购件库存。虽然传统采购方式也在极力进行库存控制，想方设法的压缩库存，但是由于机制问题，其压缩库存的能力是有限的。特别是在需求急剧变化的情况下，常常导致既有高库存又出现某些物资缺货的局面。高库存增加了成本，缺货则直接影响生产。而 JIT 作为一种先进的采购模式，不但可以有效克服传统采购的缺陷，提高物资采购的效率和质量，还可以有效提升企业的管理水平，为企业带来巨大的经济效益。

表6-4　准时化采购与传统采购的区别

项目	JIT 采购	传统采购
采购批量	小批量、送货频率高	大批量、送货频率低
供应商的选择	长期合作、单源供货	短期合作、多源供货
供应商评价	质量、交货期、价格	质量、交货期、价格
检查工作	逐渐减少、最后消除	收获、点货、质量验收
协商内容	长期合作关系质量和合理价格	获得最低价格
运输	准时送货买方负责安排	较低成本卖方负责安排
产品说明	供应商革新、强调性能宽松要求	买方关心设计、供应商没有创新
包装	小、标准化容器包装	普通包装没有特地说明
信息交换	快速可靠	一般要求

对于供应链上的节点企业如何有效的实施准时化采购,可以采用以下的方法:(1)创建准时化采购班组;(2)制定计划,确保准时化采购策略有计划、有步骤地实施;(3)精选少数供应商建立伙伴关系;(4)进行试点工作;(5)搞好供应商培训,确定共同目标;(6)给供应商颁发产品免检证书;(7)实现配合节拍进度的交货方式;(8)继续改进,扩大成果。

(二)物料管理

1. 物料管理概述

物料管理的目标就是在降低库存成本、减少库存资金占用的同时,保证物料按计划流动,保证生产过程中的物料需求以及保证生产的正常运行,从而使产品满足市场需求。

掌握库存周转次数的计算公式:

$$库存周转次数 = \frac{年售出货物成本}{库存平均价值}$$

库存平均价值是指一年内企业库存的平均价值量,在每一个时点上企业内部都表现为一定的库存量,这些库存量的存在是由企业对库存物料的投资实现的。我们将一年中每个时点的库存量所反应的库存价值进行平均得到的就是库存平均价值,即库存投资。库存周转次数是一个重要的概念,用来反映一年中库存周转的速率,加速库存周转能够降低成本,提高资金的利用率。

2. 库存的目的和费用

(1)库存根据目的不同划分为安全库存、预期库存、批量库存、在途库存、囤积库存等。其中,预期库存是为调解季节影响而准备的库存。安全库存:为满足意外需求波动的库存。预期库存:为可预见的需求变化(季节性市场变化)而保持一定量的库存,也称为季节库存。批量库存:因为批量采购而产生的库存。在途库存:是一种库存的状态,物料处在在途状态而形成的库存。囤积库存:针对通货膨胀或物料短缺趋势而储备的生产必须物料,也称为投机性库存。

(2)计算库存费用需要考虑的4方面因素:物料本身的价值、订货费用、保管费用、短缺损失。

相关影响因素:订货费用受到订货批量和订货次数的影响,其中订货费用和订货批量成反比,和订货次数成正比。保管费用受到库存量的影响,两者成正比。

3. 订货批量方法

目前关于订货批量有很多的方法,固定订货批量、经济订货批量、按需确定订货批量、(最常用的三种)按固定时区的需求量确定批量法、时区订货批量法、最小单位费用法、最小总费用法、Wagner-Whitin算法。其中经济订货批量基本出发点是使订货费用和保管费用之和最小,当订货成本增加时,订货量也将增加。

不管计划订货批量采用哪一种方法确定,实际执行时,都会由于某些因素而必须加以调整。订货批量调整各主要因素:订货的上限和下限(或最大订货量和最小订货量)、报废率(损耗系数)、批量倍数。

4. 安全库存和安全提前期

安全库存可以用来作为应对意外的供需差异的缓冲方法。但在物料清单的那个层次上设置安全库存应当慎重考虑。对于提前期很长的设置安全库存；对选项设置安全库存；对用户希望随时都有的产品设置安全库存。设置安全库存一般是针对产成品，而不是在制品和原材料、半成品等。

安全提前期和安全库存的作用是类似的，都是为了缓冲供需的不平衡。一般来说，安全库存是针对供需数量不确定性比较大的物料，如备品备件以及面向订单装配产品的公用件和可选件。对供需时间的不确定性，如受运输或其他因素影响，不能如期抵达的采购件或完工产品，则采用安全提前期。

安全库存优点：不确定因素少，能够很好地满足变动的需求，客户服务水平更有保证；缺点：占用资金，形成库存，产生库存管理相关费用。安全提前期优点：不占用资金，成本费用比较低；缺点：不确定因素多，客户服务水平较低。

5. 库存准确度

（1）准确的库存记录必须包括物料的代码、描述、数量和位置等信息，在ERP环境下，计算机中的库存记录数据准确度必须至少达到95%。

95%的含义：对95%的库存物料来说，计算机中所存的库存余额数据和库房中存于货架上的实际数量在计数容限内相匹配。

（2）提高库存准确度的方法。

①一丝不苟的工作态度，是指人在获得和维护库存记录的准确性方面的作用。

②受限访问的库房，是确保库存记录准确性的"硬件"部分。

③好的事务处理系统，是获取库存记录准确性的"软件"部分，记录库存事务和更新库存余额数据的系统应当是简明的和能反映实际情况的。

④周期盘点制度，是得到并保持库存记录准确性的有效途径。

（三）采购计划的制定

生产不同的产品需要的原料不同，ERP沙盘中各种产品所用到的原料及数量也是不同的，首先绘制出ERP沙盘中的BOM结构，并在此基础上根据原材料库存、主生产计划以及财务资金方面等内容，来制定具体采购日期和数量。

采购计划表如下表6-5所示：

表6-5 采购计划表

原材料类型	第一年采购计划				合计
R1					
R2					
R3					
R4					
原材料类型	第二年采购计划				合计
R1					
R2					

续表

	R3				
	R4				
原材料类型		第三年采购计划			合计
	R1				
	R2				
	R3				
	R4				
原材料类型		第四年采购计划			合计
	R1				
	R2				
	R3				
	R4				
原材料类型		第五年采购计划			合计
	R1				
	R2				
	R3				
	R4				
原材料类型		第六年采购计划			合计
	R1				
	R2				
	R3				
	R4				

在制定原材料采购计划中,可以采用 Excel 作为辅助工具,首先在 Exeel 中实现 BOM 结构表,然后根据主生产计划以及库存来计算原材料采购计划,具体计算公式为(以采购 R3 产品为例):R3 在二季度采购量＝P1 在第四季度生产量(在主生产计划)×P1 需要 R3 数量(BOM 表)＋P2 在第四季度生产量(在主生产计划)×P2 需要 R3 数量(BOM 表)＋P3 在第四季度生产量(在主生产计划)×P3 需要 R3 数量(BOM 表)＋P4 在第四季度生产量(在主生产计划)×P4 需要 R3 数量(BOM 表)。

任务总结

采购计划和生产计划之间的逻辑关系是沙盘推演的"点睛之笔",只有展现出"采购计划与生产计划的多米诺骨牌"效应,以及生产周期与采购周期之间的"错落关系",学生才能淋漓尽致地理解沙盘实训的精髓。在制定采购计划时候,需要结合生产计划、库存管理以及财务计划等来协调完成,实现 JIT 采购管理模式。最后请同学们完成在 Excel 中的实现工作。

实训项目七　企业财务管理

学习内容

（1）财务管理基本知识；
（2）盈亏平衡计算；
（3）财务分析；
（4）基于ERP沙盘模拟实训的Excel财务管理的实现。

学习目标

1. 知识目标

（1）了解财务管理基本内容；
（2）熟悉盈亏平衡计算方法；
（3）熟悉财务分析指标。

2. 能力目标

（1）能够完成财务预算工作；
（2）能够完成盈亏平衡计算工作；
（3）能够完成基于Excel的财务管理工作内容的编制；
（4）能够根据财务数据对企业的经营活动进行评价分析。

任务背景

对于一个企业来说，如果你有100M，你会干什么呢？厂房是租还是买；生产线是建中低端的手工线、半自动线，还是直接建中高端的全自动或柔性线；P1、P2、P3、P4分别决定何时开始生产、何时开始研发；区域、国内、亚洲和国际市场的开发是否都要在第一年开始；ISO认证最早什么时候投入；原材料采购需要多少资金；开始新的生产需要花费多少人工费；除此之外，每季度还要花1M的行政管理费，即一年4M；每条生产线每年的维护费要1M；每年上缴贷款的利息，资金流出速度很快。无论对于新手还是老手，创业都是件非常不容易的事。不能一心想着挣钱而忽视成本控制，结果钱还没挣到，就赔个倾家荡产，血本无归，提前破产了。ERP沙盘模拟，需要每组队员充分进入角色，做到把100M当做自己的钱，沙盘经营失败，就是你自己的创业失败，是你的能力没被认可，因此，还需要一遍又一遍地继续努力。

实训任务1 制定企业的财务预算

对于ERP沙盘模拟实训中各组成员来说，无论是营销计划的制定还是生产、采购计划的制定，包括各种决策的做出，都需要企业的资金流作为支撑。而对资金流的控制最重要的是做好企业的现金流以及财务预算工作，只要这样，才能找到解决问题的办法并避免破产。请首先制定企业的现金流和所有者权益的预算以及盈亏平衡计算工作。

任务研修

一、财务管理概述

财务是客观存在的一种资金运动，企业的经营活动循环包括采购付款循环、生产运作循环、销售收款循环，财务活动就是对这一循环中的对资金信息进行处理的过程。具体见图7-1所示。

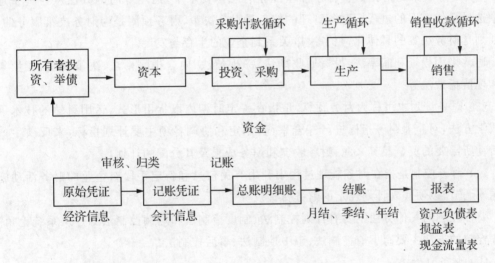

图7-1 企业财务活动循环

财务处理的两个恒等式：资产＝负债＋所有者权益；收入－费用＝利润。

财务报表所提供的会计信息，是投资者、债权人、银行、供应商等会计信息使用者了解企业的财务状况、经营成果和经济效益的主要来源，还是企业内部管理人员了解企业经营状况和经营成果的重要经济信息来源。目前企业的财务报表主要包括资产负债表、现金流量表、损益表。

财务是客观存在的一种资金运动，财务管理是对资金运动进行规划与控制，处理企业同各个方面财务关系的一项重要的经济管理活动，是企业管理的重要组成部分。财务管理的基本内容是企业的财务活动，而企业的财务活动包括投资、资金营运、筹资和资金分配等一系列行为。

企业的基本活动是从资本市场上筹集资金，投资于生产性经营资产，并运用这些资产进行生产经营活动，取得利润后用于补充权益资本或者分配给股东。因此，企业的基本活动可以分为投资、筹资和股利分配三个方面。

由于投资活动分为长期投资和短期投资，筹资活动也分为长期筹资和短期筹资，这样财务管理的内容可以分为五个部分：长期投资、短期投资、长期筹资、短期筹资和股利分配。

由于短期投资和短期筹资属于日常管理活动，可以合并在一起，称之为营运资本管理。由于利润分配决策同时也是利润留存决策（即内部筹资决策）可以视为长期筹资的一部分。因此，为了便于表述，我们把财务管理的内容分为三个部分：长期投资、长期筹资和营运资本管理。

财务管理的工作环节是指财务管理工作的步骤和程序。它是根据财务管理工作的程序及各部分间的内在关系划分的，包括财务预测、财务决策、财务计划、财务控制和财务分析等环节。这些环节相互配合、紧密联系，形成周而复始的财务管理工作循环过程，构成了完整的财务管理工作体系，被称为财务管理循环。

（1）财务预测是指根据企业财务活动的历史资料，结合企业的目前情况和发展要求，运用科学的方法，对企业未来的财务状况作出预计和测算。

（2）财务决策是指在企业财务管理目标的总体要求下，运用专门的方法从各种备选方案中选择最优方案的过程。财务管理的核心是财务决策，财务预测是为财务决策服务的，财务计划是财务决策的具体化，财务决策关系到企业的生存与发展。

通常采用投资利润率法、投资回收期法、净现值法、内含报酬率法、决策树法、偿债年限法和现值指数法等。

（3）财务计划也可称为财务预算，是指在一定时期内以货币形式，运用科学的技术手段和数学方法，对企业财务指标进行综合平衡，制定和协调各项主要计划指标，来反映生产经营活动所需要的资金及其来源、财务收支和财务成果及其分配的计划。

（4）财务控制是指在财务管理过程中利用有关信息和特定手段对企业的财务活动施加影响或调节，以便实现计划规定的财务目标。

财务控制的具体方法主要有计划控制法、制度控制法和定额控制法等。从系统论角度，财务控制的方法主要有事前控制法、事中控制法、事后控制法。

（5）财务分析。

财务分析是指以会计核算资料为主要依据，运用特定方法，对企业财务活动过程及其结果进行分析和评价的一项工作。

财务分析的具体方法主要有对比分析法、比率分析法和综合分析法。其中，比率分析法主要有相关比率法、趋势比率法和构成比率法。在进行综合分析时，可采用综合比率分析法、因素综合分析法和杜邦体系分析法等。

从根本上说，财务管理的目标取决于企业的目标，所以财务管理的目标和企业的目标是一致的。创立企业的目的是盈利。已经创立起来的企业，虽然有改善职工待遇、改善劳动条件、扩大市场份额、提高产品质量、减少环境污染等多种目标，但是，盈利是其最基本、最一般、最重要的目标。盈利不但体现了企业的出发点和归宿，而且可以概括其他目标的实现程度，并有助于其他目标的实现。最具综合性的计量是财务计量。因此，企业目标也称为企业的财务目标。关于企业目标的表达，主要有以下三种观点：

（1）利润最大化。

这种观点认为：利润代表了企业新创造的财富，利润越多则说明企业的财富增加得越多，越接近企业的目标。

这种观点的缺点是：没有考虑利润的取得时间；没有考虑所获利润和投入资本额的关系；没有考虑获取利润和所承担风险的关系。

如果假设投入资本相同、利润取得的时间相同、相关的风险也相同，利润最大化是一个可以接受的观念。事实上，许多经理人员都把提高利润作为公司的短期目标。

（2）每股收益最大化。

这种观点认为：应当把企业的利润和股东投入的资本联系起来考察，用每股收益（或权益资本净利率）来概括企业的财务目标，以避免"利润最大化"目标的缺点。

这种观点仍然存在以下缺点：仍然没有考虑每股收益取得的时间；仍然没有考虑每股收益的风险。

如果假设风险相同、每股收益时间相同，每股收益最大化也是一个可以接受的观念。事实上，许多投资人都把每股收益作为评价公司业绩的最重要指标。

（3）股东财富最大化。

这种观点认为：增加股东财富是财务管理的目标。这也是本书采纳的观点。

股东创办企业的目的是增加财富。如果企业不能为股东创造价值，他们就不会为企业提供资金。没有了权益资金，企业也就不存在了。因此，企业要为股东创造价值。

股东财富可以用股东权益的市场价值来衡量。股东财富的增加可以用股东权益的市场价值与股东投资资本的差额来衡量，它被称为"权益的市场增加值"。权益的市场增加值是企业为股东创造的价值。

有时财务目标被表述为股价最大化。在股东投资资本不变的情况下，股价上升可以反映股东财富的增加，股价下跌可以反映股东财富的减损。股价的升降，代表了投资大众对公司股权价值的客观评价。它以每股价格表示，反映了资本和获利之间的关系。它受预期每股收益的影响，反映了每股收益大小和取得的时间；它受企业风险大小的影响，可以反映每股收益的风险。值得注意的是，企业与股东之间的交易也会影响股价，但不影响股东财富。例如分派股利时股价下跌，回购股票时股价上升等。因此，假设股东投资资本不变，股价最大化与增加股东财富具有同等意义。

有时财务目标还被表述为企业价值最大化。企业价值的增加，是由于权益价值增加和债务价值增加引起的。假设债务价值不变，则增加企业价值与增加权益价值具有相同意义。假设股东投资资本和债务价值不变，企业价值最大化与增加股东财富具有相同的意义。

二、融资与现金流控制的思考

企业筹资，是指企业为了满足其经营活动、投资活动、资本结构调整需要，运用一定的筹资方式，筹措和获取所需资金的一种行为。

在沙盘训练的融资环节，目前普遍的现象是各组学员在经营之初相对资金比较充足，短期库存产品相对积压，进而对于是否应当借长期贷款显示出"淡然漠视、大款唏嘘小钱"，造成后期资金严重短缺、固定资产无力投资,亏损严重后贷款额度不足,甚至导致资金流断流而破产。银行是一个典型的"嫌贫爱富"的企业,当你越是需要钱的时候,越无法融到钱。另外,还有很多企业刚开始不管钱用不用,都进行疯狂融资,贷款额度甚至到了贷款上限,而其年末剩余大量的资金没有使用,每年需要支付利息,最后导致企业赚的利润不够还利息的,企业亏损严重,最后破产。

在沙盘模拟实训中,学生应从战略规划的角度逐步掌握领会企业投融资管理的理念和流程,体验企业运作的"血液"——现金流控制的真实含义,并由此学习到基于市场战略进行投融资的长期规划与短期运作控制、现金流风险预测、财务费用以及成本控制与效益等知识点。

很多人认为财务总监只要能理好钱并算清楚账就可以了,其实这混淆了"管理会计与财务会计"两者的概念。财务会计的职能如前所述,但管理会计的核心工作是要具备战略经营思维。所以,做好企业长期投融资需要分析市场前景,需要根据提供的市场预测仔细分析未来,对未来的市场需求量、价格以及销售增长等进行分析比较,进行战略布局。另外,要注重资产投资匹配分析,很多学生在经营过程中,不清楚从哪些角度进行规划,常常陷于盲目、冲动状态中,造成设备买了又卖掉、大量投入研究但中途资金断流搁置从而形成"半吊子工程"等。从对资金使用的规划思考的角度出发,有几个必要思考要素:生产线投资、厂房投资、产品研发投资等。

(1) 生产线投资主要考虑投资回收期、维修成本分摊、折旧成本分摊以及厂房占用等因素。手工线虽然价格便宜,但是产生的费用也不少,而且其产量有限一年最多一个,那么投资的回收就比较慢。从折旧角度分析,按沙盘规则新生产线投资后前3年的折旧额:柔性是12M,而全自动生产线是9M,但两者每年产能完全一样。从维修成本分摊来看,手工线全年只有1个产品,而全自动和柔性最高可以达到4个/年,因此手工线的维修分摊成本是全自动和柔性的4倍。从厂房占用角度来看,全自动和柔性全年最高可以达到40个产品(以最多10条线来看),而半自动只有20个,但厂房租金是一样的。

(2) 对于厂房的投资,要正确理解买与卖的关系。买厂房是将企业的流动资产变成固定资产。资金短缺卖掉厂房后将固定资产转变为流动资产,对于利润没有影响,而如果租的话,每年会降低利润,并且贷款额额度会成放大倍数的减少,而且厂房的钱是来自于长期贷款的话,大厂房付的租金要高于长期贷款的利息,小厂房正好等于利息,这需要进行综合考虑,如何降低经营成本。

(3) 对于产品研发应注重产品生命周期分析。很多小组在做产品研发时候早早地完成P2、P3的研发甚至P4的研发,那么这些新产品的生命周期究竟如何呢?需要根据市场需求变化来进行分析,同时根据市场分析,来确定产品生产重点。

各个部门在经营时,需要和财务主管协商,不要只考虑局部问题。各部门首先要制定工作计划并生成预算,由财务主管来整合所有部门预算信息,对预算中的断流点,要进行提前预测,知道问题出在什么地方,进而采用恰当的融资计划。在应收款贴现过程中,要注意避免贴现的恶性循环,贴现尽量进行控制。

对于这些问题进行思考因素分析计算之后,融资计划便自然形成。在实际操作中CEO需要监督各个部门严格按照计划执行,同时根据年初的销售订单的回款期限进行适当调整计划。

三、财务预算

财务预算是一系列专门反映企业未来一定期限内预计财务状况和经营成果,以及现金收支等价值指标的各种预算的总称。

财务预算是反映某一方面财务活动的预算,如反映现金收支活动的现金预算;反映销售收入的销售预算;反映成本、费用支出的生产费用预算(又包括直接材料预算、直接人工预算、制造费用预算)、期间费用预算;反映资本支出活动的资本预算等。综合预算是反映财务活动总体情况的预算,如反映财务状况的预计资产负债表、预计财务状况变动表,反映财务成果的预计损益表。上述各种预算间存在下列关系:销售预算是各种预算的编制起点,它构成生产费用预算、期间费用预算、现金预算和资本预算的编制基础;现金预算是销售预算、生产费用预算、期间费用预算和资本预算中有关现金收支的汇总;预算损益表要根据销售预算、生产费用预算、期间费用预算、现金预算编制,预计资产负债表要根据期初资产负债表和销售、生产费用、资本等预算编制,预计财务状况表则主要根据预计资产负债表和预计损益表编制。

财务预算属于企业计划体系的组成内容,是以货币表现的企业长期发展规划和近期经济活动的计划。同时,财务预算又是企业全面预算的一个重要方面,它与企业业务预算(即产、销、存预算)相互联系、相辅相成,共同构成企业完整的全面预算体系。财务预算具有综合性和导向性特征。

1. 综合性

对于企业业务预算而言,无论是生产预算还是销售预算,无论是流量预算还是存量预算,除涉及成本、价格等价值指标外,更重要的是产、销、存的数量、结构等实物性指标的预算。由于这些实物性指标的一个重要特征就是不能加总,而必须按不同产品分别计量,因而决定了业务预算具有相对性的特征。不仅如此,就成本、价格等价值性指标来说,也是一些分项目、分品种的具体性指标,如生产成本既要按品种编制单位成本计划,又要按成本项目编制直接材料预算、直接人工预算和制造费用预算;再如产品销售价格,不仅要按品种进行计划,而且还应按不同质量等级、不同销售渠道(即是内部转移还是对外销售)等分别予以制定。相比之下,财务预算中,无论是损益预算还是现金预算,均是以货币为计量单位的价值预算。

由于价值的抽象性特征,决定了不同产品、不同经营项目以及不同财务事项的数量方面能够直接汇总成为综合性的财务指标。不仅如此,就财务预算指标的设置而言,为便于其与实际指标的对比分析,通常要求与财务报表项目的口径保持一致。而我们知道,财务报表的每一个项目均是企业经营及财务活动某一特定方面数量状况的综合反映,这样,据此设置的财务预算指标无疑就具有综合性的特征。

2. 导向性

企业管理以财务管理为中心,而财务管理以财务目标为导向。这里,以财务目标为导向,就是企业的一切经济活动均应从企业的财务目标出发,体现实现企业财务目标的要求。作为以财务目标为起点进行层层分解所形成的控制指标体系,企业财务预算是财务目标的具体化。其中,财务预算中的损益预算指标是财务目标之收益目标的具体化,现金流量预算及资本结构预算则是财务目标之风险控制目标的具体化。这两个方面综合起来,也就体现了收益与风险的最佳组合——企业价值最大化的目标要求。企业财务预算的这一属性决定了其对企业经济活动具有导向作用,它是财务目标导向作用的具体实现程序。如果说财务目标属于总体上的观念导向,那么财务预算则是具体层次上的行为导向。这种行为导向主要体现为,企业的一切经济活动均应以预算指标为控制依据,符合实现预算指标的要求。

财务预算的组成有现金预算、财务费用预算、预计利润表、预计利润分配表、预计资产负债表、预计现金流量表等,其中预计利润表是综合反映预算期内企业经营活动成果的一种财务预算,是根据销售、产品成本、费用等预算的有关资料编制的;预计现金流量表是反映企业一定期间现金流入与现金流出情况的一种财务预算,它是从现金的流入和流出两个方面,揭示企业一定期间经营活动、投资活动和筹资活动所产生的现金流量。

四、盈亏平衡分析

(一)盈亏平衡分析概述

盈亏平衡分析是通过盈亏平衡点(BEP)分析项目成本与收益的平衡关系的一种方法。各种不确定因素(如投资、成本、销售量、产品价格、项目寿命期等)的变化都会影响投资方案的经济效果,当这些因素的变化达到某一临界值时,就会影响方案的取舍。盈亏平衡分析的目的就是找出这种临界值,即盈亏平衡点(BEP),判断投资方案对不确定因素变化的承受能力,为决策提供依据。

盈亏平衡点越低,说明项目盈利的可能性越大,亏损的可能性越小,因而项目有较大的抗经营风险能力。因为盈亏平衡分析是分析产量(销量)、成本与利润的关系,所以又称量本利分析。

盈亏平衡点的表达形式有多种。它可以用实物产量、单位产品售价、单位产品可变成本以及年固定成本总量表示,也可以用生产能力利用率(盈亏平衡点率)等相对量表示。其中产量与生产能力利用率,是进行项目不确定性分析中应用较广的。根据生产成本、销售收入与产量(销售量)之间是否呈线性关系,盈亏平衡分析可分为线性盈亏平衡分析和非线性盈亏平衡分析。

(二)线性盈亏平衡分析——分析销售收入、生产成本与产品产量的关系

假设:①产量等于销售量,销售量变化,销售单价不变,销售收入与产量呈线性关系,企业主管不会通过降低价格增加销售量。

②假设项目正常生产年份的总成本可划分为固定成本和可变成本两部分,其中固定成本不随产量变动而变化,可变成本总额随产量变动呈比例变化,单产品可变成本为一常数,总可变成本是产量的线性函数。

③假定项目在分析期内,产品市场价格、生产工艺、技术装备、生产方法、管理水平等均无变化。

④假定项目只生产一种产品,或当生产多种产品时,产品结构不变,且都可以换算为单一产品计算。

该项目的生产销售活动不会明显地影响市场供求状况,假定其他市场条件不变,产品价格不会随该项目的销售量的变化而变化,可以看作一个常数。销售收入与销售量呈线性关

系，即：$B = P * Q$。式中 B——销售收入；P——单位产品价格；Q——产品销售量。

项目投产后，其生产成本可以分为固定成本与变动成本两部分。固定成本指在一定的生产规模限度内不随产量的变动而变动的费用，变动成本指随产品产量的变动而变动的费用。变动成本总额中的大部分与产品产量成正比例关系，也有一部分变动成本与产品产量不成正比例关系，如与生产批量有关的某些消耗性材料费用，工夹模具费及运输费等，这部分变动成本随产量变动的规律一般是呈阶梯型曲线，通常称这部分变动成本为半变动成本。由于半变动成本通常在总成本中所占比例很小，在经济分析中一般可以近似地认为它也随产量成正比例变动。

总成本是固定成本与变动成本之和，它与产品产量的关系也可以近似地认为是线性关系，即：

$$C = C_f + C_v Q$$

式中 C——总生产成本；

C_f——固定成本；

C_v——单位产品变动成本。

在销售收入及总成本都与产量呈线性关系的情况下，可以很方便地用解析方法求出以产品产量、生产能力利用率、产品销售价格、单位产品变动成本等表示的盈亏平衡点。在盈亏平衡点，销售收入 B 等于总成本 C，设对应于盈亏平衡点的产量为 Q^*，则有：

$$PQ^* = C_f + C_v Q^*$$

盈亏平衡产量：

$$Q^* = \frac{C_f}{P - C_v}$$

(三) ERP 沙盘模拟实训中盈亏平衡因素分析

首先固定成本计算应当设定经营环境。依据实践经验，大致经营环境作如下考虑：

(1) P1 按照 6 年计算，P2、P3 按照经营 5 年计算，P4 按经营 3 年计算；

(2) P1、P2、P3、P4 可以按照每年平均 2 天全自动生产线生产；

(3) P1、P2、P3 的平均广告费用按照平均 5M 计算，P4 按照 3M 计算；

(4) 每年生产线的设备折旧平均按照每年 5M 计算；

(5) 市场开拓和 ISO 认证平均按照每年 0.25M 计算；

(6) 厂房租金按照平均每年 1M 计算；

(7) 利息按照平均每年 1.6M 计算。

以 P2 产品为例，经营 5 年的固定成本为研发费用 4M，维修费用 10M，租金 5M，折旧 25M 等，最终固定成本将达到 83M 左右。

其次，变动成本主要有原材料费用以及加工费构成。P2 为 4M。

另外，价格可以根据市场预测图来获得平均价格，比如 P2 的价格大概平均在 8M 左右。

然后计算盈亏平衡点为（以 P2 为例）：

$$Q^* = \frac{C_f}{P - C_v} = \frac{83M}{8M - 4M} = 20.75,$$

即 P2 在 5 年之内至少卖到 21 个才能盈利。

此外，在 ERP 沙盘模拟实训中，各组在当年还没有运营之前，可以首先根据本年所产生的费用比如管理费、维修费、折旧等以及预计投入广告费，通过市场预测中价格分析，计算今年至少要卖掉多少个产品才能实现盈利。通过这样的计算可以计算出今年是否有可能盈利以及保守的销售额及利润。

任务总结

现金流预算以及盈亏平衡点的计算，需要基于对企业市场策略、生产策略以及采购策略的制定，只有相关规划完成，预算才能更好的完成。另外在实施过程中，需要不断根据实际运营的变化进行适当的调整。

实训任务 2 基于 Excel 财务报表的编制

财务报表的编制工作是沙盘运行过程中需要做的，也是最基本的工作，请根据每年的经营数据，完成会计凭证的制作以及财务报表的编制工作，并用 Excel 来实现。

任务研修

一、会计凭证的制作

制作会计凭证是企业重要的日常会计工作之一，是整个会计处理流程中的第一环节。在会计手工处理的情况下，会计人员应对有关经济业务产生的原始凭证进行审核，并据以编制出记账凭证。

（一）会计科目表的制作

会计科目是对会计要素的具体内容进一步分类的项目名称。设置会计科目是会计核算工作中极为重要的一项工作，它是填制会计凭证、设置账户、进行账务处理的依据，也是编制会计报表的基础。会计科目必须根据企业会计准则和国家统一会计制度的规定设置和使用，一般设有一级科目(即总账科目)、二级科目(即子科目)和明细科目。下面分别介绍总账科目表和明细科目表在 Excel 中的设置方法。

1. 建立总账科目表

总账科目(即一级科目)是指对会计内容进行总分类核算和监督、提供总括指标的会计科目。为了便于宏观经济管理，一级科目由财政部统一规定。建立总账科目表的具体方法和步骤如下：

(1) 选择工作表"总账科目表"。

(2) 在单元格 B1 中输入"总账科目表"，将其设置为自己喜欢的字体和字号。

(3) 选择单元格区域 B1:C1，单击"格式"工具栏的"合并及居中"按钮；单击"格式"工具栏上的"边框"按钮，选择"粗底框线"。

(4) 选择单元格 B2 和 C2，分别输入"科目代号"和"科目名称"。

(5) 在单元格 D1 中输入"科目总数量"，在单元格 E1 中输入公式"=COUNTA(B:B)

-2",用来统计总账会计科目的个数。

COUNTA函数的功能是计算单元格区域或数组中包含数据(即非空白单元格)的单元格个数。

(6) 从第3行开始,在B、C两列分别顺序输入所有会计科目代号和会计科目名称。(本项目中总账科目表中的科目代号和科目名称采用的是2007年新会计准则中规定的科目代号和科目名称,与会计准则略有不同。实际工作中,应该按照规定来设计。)

数据的录入方法有两种:一种方法是直接在对应的单元格中输入数据;另一种方法是在"记录单"中录入数据。采用在"记录单"中录入数据方法便于新建、删除及查找会计科目。具体的操作步骤为:首先选定B2:C2区域,再选择菜单"数据"中"记录单"命令,打开"记录单"对话框,分别在"科目代号"和"科目名称"文本中输入具体的科目代号和科目名称,每完成一个科目后单击"新建"按钮。完成全部记录的添加后,单击"关闭"按钮,完成总账科目表的输入。

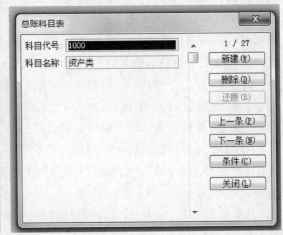

图 7-2 总账科目表建立

(7) 将光标移至列标B和C中间,单击并拖动。将列B调整到合适的宽度,用同样方法将其他列也调整到合适的宽度。(也可以双击列标右侧的分割线,达到自动调整该列列宽的效果。)

(8) 单击C列的列标,选中C列,单击"格式"菜单中的"单元格"命令,打开"设置单元格格式"对话框,单击"数字"选项卡,在"分类"中选择"文本",单击确定按钮,关闭"设置单元格格式"对话框。

(9) 在工作表的适当位置插入一个自选图形对象,在其内部添加汉字"返回"(也可直接插入美术字),设置图形对象的格式,为其建立一个超链接,指向前面制作好的"页面"工作表。以后在总账科目表界面中点击这个按钮就可以返回到"页面"工作表。

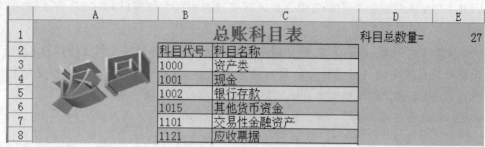

图 7-3　总账科目表优化

2. 修改总账科目表

企业会计科目的设置应保持相对稳定，但并非一成不变，需要根据社会经济环境、会计准则与会计制度及本企业业务发展的需要，对会计科目进行修改、补充或删除。具体步骤如下：

（1）单击需要修改的会计科目所在的单元格，对科目代号或科目名称进行修改。

（2）选中需要添加科目的行，单击菜单"插入"—"行"命令，在出现的空行中输入相应的科目代号和科目名称。

（3）选中要删除的科目所在的单元格。单击菜单"编辑"—"删除"命令，在打开的"删除"对话框中选择有关的选项按钮，即"整行"按钮，单击"确定"按钮。

3. 建立明细科目表

明细科目是指对总账科目所反映的经济内容进一步详细分类的会计科目，是对总账科目更为详细的补充说明。有些企业在总账科目和明细科目之间还设置二级科目，其设置方法可以比照明细科目，在此不做赘述。

明细科目是由企业依据国家统一规定的会计科目和要求，根据自身经营管理的需要自行设置的。建立明细科目表的具体方法和步骤如下：

（1）鼠标点击左下角的标签栏，激活"明细科目表"。

（2）单击"总账科目表"工作表，单击左上角全选整张表。单击鼠标右键选择复制。

（3）返回"明细科目表"，单击鼠标右键选择粘贴。

（4）在 B1 单元格，将标题改为"明细科目表"。

（5）在单元格 D2 中输入"明细科目代号"，在单元格 E2 中输入"明细科目名称"，并设置其格式。

（6）从第 3 行开始，在 D、E 两列分别顺序输入所有总账科目所属的明细科目代号和明细科目名称。

（7）按照"总账科目表"进行格式设计，这里不再赘述。

（8）最终设计出"明细科目表"。

（二）会计凭证表的制作

会计凭证表是将企业每日发生的或完成的经济业务，按时间的先后顺序逐笔完整登记的工作表。在会计处理和管理系统中，会计凭证表是一个非常重要的工作表，是形成会计凭证和各种账簿及报表的核心信息资料，即建立企业账务处理的源数据库。下面介绍用 Excel 进行会计凭证表制作的具体方法和步骤。

1. 会计凭证表的结构设计

会计凭证表的结构主要包括日期、序号、凭证号码、摘要、科目代号、总账科目、明细科目、方向、借方、贷方、制单人、审核人、附件等要素。具体的操作步骤如下：

（1）新建并打开工作簿的"会计凭证表"工作表。

（2）选取 B1:P1 单元格，单击"格式"工具栏的"合并及居中"按钮，在合并的单元格中输入"会计凭证表"标题。打开"单元格格式"对话框，单击"对齐"选项卡，将"文本对齐方式"的"水平对齐"和"垂直对齐"均设置为"居中"。单击"字体"选项卡，将字体设置为"楷体"，将"字号"设置为"22"，将"颜色"设置为"紫罗兰"，将"下划线"设置为"会计用双下划线"。单击"确定"按钮，关闭"单元格格式"对话框。

（3）选取 B2:P2 单元格，单击"格式"工具栏的"合并及居中"按钮。

（4）分别在 B3 到 P3 单元格中输入"年"、"月"、"日"、"序号"、"凭证号码"、"摘要"、"科目代号"、"总账科目"、"明细科目"、"方向"、"借方"、"贷方"、"制单人"、"审核人"、"附件"。

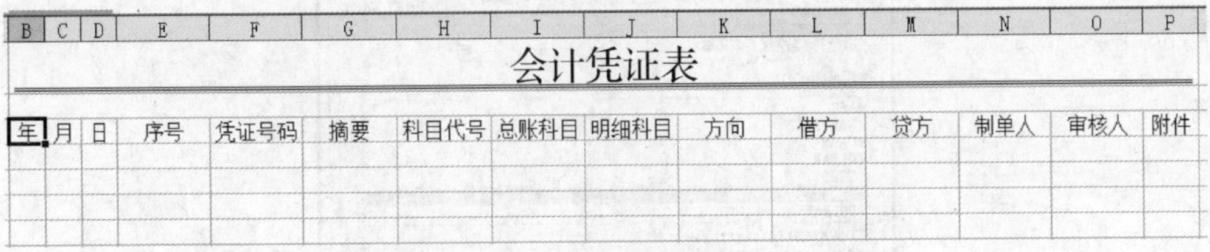

图 7-4 会计凭证表

（5）选取整个第三行，单击"格式"工具栏上的"居中"按钮，使单元格内容居中。

（6）调整各列的列宽到合适的宽度。

（7）选取 L 列和 M 列整列单元格并单击右键。在弹出的快捷菜单中选择"设置单元格格式"命令，在对话框中打开"数字"选项卡，将"借方"和"贷方"设置为数值格式。

（8）选取 B、C、D、F 四列，用上面的方法设置数据格式为文本。

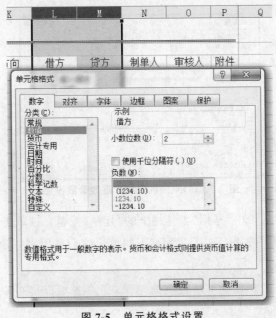

图 7-5 单元格格式设置

2. 自动形成会计凭证编号的设置

会计凭证编号是会计人员在用会计凭证记录经济业务时,对每笔经济业务进行的编号,以便查找和以后的核对。用 Excel 进行会计凭证表编制时,可以利用 CONCATENATE 函数,以"年＋月＋日＋当日顺序号"自动生成会计凭证的编号。具体操作步骤为:

(1) 打开工作簿的"会计凭证表"。

(2) 选取 B:E 整列并单击右键,在弹出的快捷菜单中选择"设置单元格格式"命令,在弹出的对话框中打开"数字"选项卡,选择"文本"选项,单击"确定"按钮。

(3) 选取 F4 单元格,单击编辑栏左侧的"插入函数"按钮,执行"插入函数"命令,在"或选择类别"中选择"文本"类别函数,在"选择函数"列表框中选择 CONCATENATE 函数,单击"确定"按钮。

图 7-6 文本合并函数调用

(4) 在 CONCATENATE 函数的参数设置中分别输入参数"B4"、"C4"、"D4"、"E4"。这样当我们在前面四个单元格中输入年、月、日和序号后,在凭证号码这一列就会自动生成相应的值,单击"确定"按钮退出函数参数设置界面。

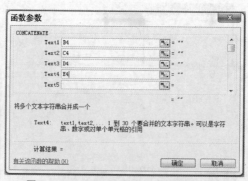

图 7-7 CONCATENATE 函数参数设置

(5) 选取 F4 单元格,单击"常用"工具栏上的"复制"按钮。选取 F5 至 F30 单元格,单击"常用"工具栏上的"粘贴"按钮。这样 F 列剩下的单元格会套用刚才输入到 F4 当中的公式。

3. 范围名称的定义

"范围名称"在 Excel 中有着举足轻重的地位,在许多地方都可以应用,而 VLOOKUP

函数中引用的位置一般使用范围名称,故应先了解如何定义"范围名称"。定义范围名称的具体步骤如下:

(1) 打开工作簿的"会计凭证表"工作表。

(2) 单击菜单"插入"—"名称"—"定义",打开"定义名称"对话框。

(3) 在打开的"定义名称"对话框中的"在当前工作簿中的名称"一项内输入"会计科目"。

(4) 单击"引用位置"右边的折叠按钮。

(5) 单击 Excel 左下角标签栏的"总账科目表",进入"总账科目表"后选择 B3:C99 单元格,此时在"定义名称"对话框中的"引用位置"的内容会随着变化。

(6) 单击"定义名称—引用位置"对话框的折叠按钮,返回"定义名称"对话框,点击"添加"按钮。

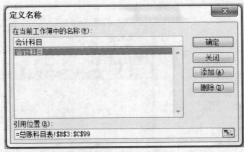

图 7-8　定义名称

(7) 单击"确定"按钮,完成范围名称的定义。

4. 自动显示会计科目的设置

在输入经济业务时,为了节约时间,可以利用 VLOOKUP 函数,自动显示会计科目。现在以总账科目的自动显示为例说明这一问题,明细账科目可以参照总账科目进行设置。具体的操作步骤如下:

(1) 打开工作簿中的"会计凭证表"工作表。

(2) 选择 I4 单元格,单击编辑栏左侧的"插入函数"按钮。在"或选择类别"中选择"逻辑"类别函数,在"选择函数"中选择 IF 函数,单击"确定"按钮。

(3) 在 IF 函数的"Logical_test"参数位置输入"H4="""。

(4) 在 IF 函数的"Value_if_true"参数位置输入""""。

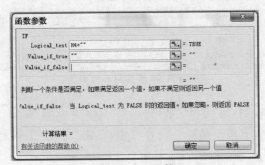

图 7-9　IF 函数

（5）将光标移至在 IF 函数"Value_if_false"参数位置处,单击左上方的下拉菜单按钮,选择"其他函数"选项,打开"插入函数"对话框,选择 VLOOKUP 函数。

（6）在 VLOOKUP 函数"Lookup_value"参数位置输入"H4"。

（7）单击"Table_array"参数的空白处,单击菜单"插入"—"名称"—"粘贴"子命令,打开"粘贴名称"对话框。选择"会计科目",单击"确定"按钮,完成 VLOOKUP 函数"Table_array"参数的设置。

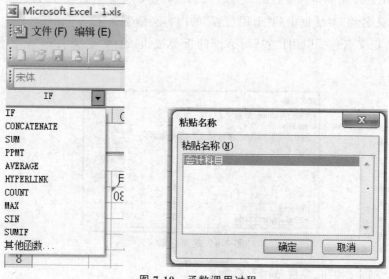

图 7-10　函数调用过程

（8）在 VLOOKUP 函数"Col_index_num"参数位置输入"2",在"Range_lookup"位置输入"1"。

（9）单击"确定"按钮,完成函数设置。

图 7-11　函数调用参数内容

（10）选取 I4 单元格并右击,单击"常用"工具栏上的"复制"按钮。

（11）选取 I5 单元格,下拉至最后一行并右击,单击"常用"工具栏上的"粘贴"按钮。这样,整个"总账科目"列下的单元格均自动套用公式。

这样当在"科目代号"中输入代号数字时,"总账科目"中会自动显示出相应的内容。

5. 单元格输入信息提示的内容

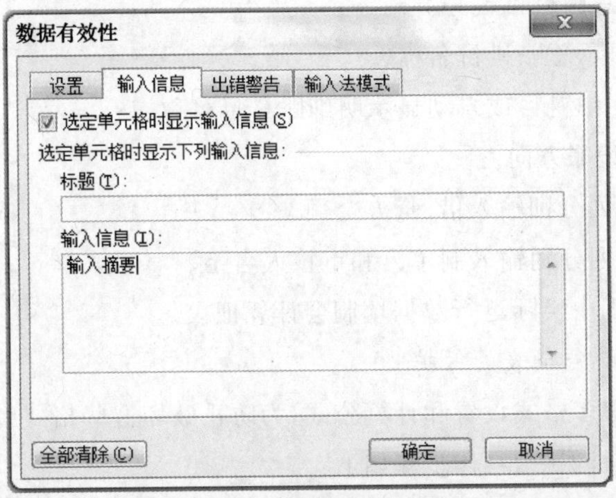

图 7-12 数据有效性设置

为了在用户输入数据时能够提示其输入数据的类型,可以对有的单元格的数据有效性进行设置,即设置有关的提示信息,具体操作步骤如下:

(1)选择 G 列,单击菜单"数据"—"有效性",打开"数据有效性"对话框,在"输入信息"选项卡的"输入信息"中输入"输入摘要",单击"确定"按钮,关闭"数据有效性"对话框。当光标移动到 G 列的单元格时,在单元格的右下方将出现对应的提示信息。

(2)选择 H 列,按照前面方法设定输入信息,在"输入法模式"选项卡中的"输入法模式"中选择"关闭(英文模式)"。目的是当光标移动到 H 列单元格时,在单元格下方出现"输入科目代号"提示信息的同时,把输入法也自动切换到英文状态,保证输入的文字为半角的英文。

(3)选择 L 列,设置"输入信息"为"输入借方金额",设置"输入法模式"为"关闭(英文模式)"。

(4)选择 M 列,设置"输入信息"为"输入借方金额",设置"输入法模式"为"关闭(英文模式)"。

(5)选择 N 列,设置"输入信息"为"输入借方金额",设置"输入法模式"为"打开"。

(6)选择 O 列,设置"输入信息"为"输入借方金额",设置"输入法模式"为"打开"。

(7)选择 P 列,设置"输入信息"为"输入借方金额",设置"输入法模式"为"关闭(英文模式)"。

6. 会计凭证表实例

会计凭证表的结构与需要设计的公式与函数完成后,应结合背景资料中企业实务例子完成整个会计凭证表的输入,作为之后账表形成的基础性数据源。在会计凭证表中输入数据的操作,步骤如下:

(1)在 B、C、D、E 列分别输入业务发生的年、月、日及序号。

(2)在 F 列自动形成会计凭证号码。

(3) 在 G 列输入摘要。

(4) 在 H 列输入总账科目代号。

(5) 在 I 列自动显示总账科目名称。

(6) 在 J 列输入明细科目或自动显示明细账科目名称。

(7) 在 K 列输入记账方向。

(8) 在 L 列和 M 列分别输入借、贷方金额。

(9) 在 N 列和 O 列分别输入制单人和审核人名字。

根据沙盘运行过程中实际运行数据填制会计凭证表。

7. 制作完成的会计凭证表的保护

由于工作表中有很多格式设置和计算公式,为防止破坏这些格式和计算公式,提高工作效率,可以对工作表进行保护,具体步骤如下:

(1) 单击工作表左上角的全选按钮,选取整个工作表。

(2) 单击菜单"格式"—"单元格"命令,打开"单元格格式"对话框,单击"保护"选项卡,取消选择"锁定"和"隐藏"两个复选框,单击"确定"按钮,关闭"单元格格式"对话框。

(3) 按"Ctrl+G"组合键,打开"定位"对话框,单击"定位条件"按钮,打开"定位条件"对话框,选取"公式"选项按钮,单击"确定"按钮,关闭"定位条件"对话框和"定位"对话框。

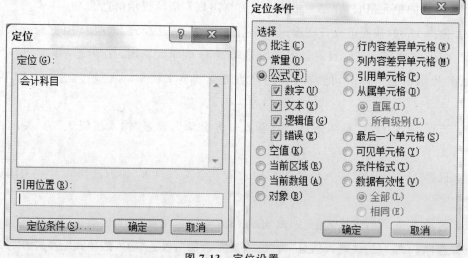

图 7-13 定位设置

(4) 单击菜单"格式"—"单元格"命令,打开"单元格格式"对话框,单击"保护"选项卡,选择"锁定"和"隐藏"两个复选框,单击"确定"按钮,关闭"单元格格式"对话框。

(5) 单击菜单"工具"—"保护"—"保护工作表"命令,打开"保护工作表"对话框,在"取消工作表保护时使用密码"文字框中输入密码(请牢记此密码,可以记在书上),在"允许此工作表的所有用户进行"列表中仅选取"选定未锁定的单元格"复选框,单击"确定"按钮,在弹出的"确认密码"对话框中再输入一遍密码,单击"确定"按钮,关闭"保护工作表"对话框。

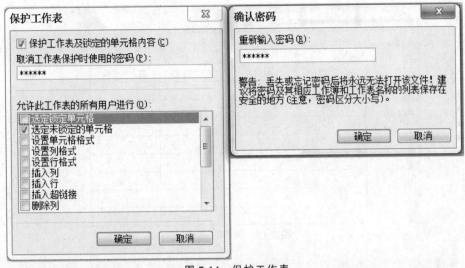

图 7-14　保护工作表

8. 会计凭证表的备份

在期末，应当将该期的会计凭证表进行备份，以便保存。备份数据的具体步骤如下：

(1) 选择需要进行数据备份的单元格区域。

(2) 按"Ctrl+C"组合键。

(3) 打开一个新的工作簿。

(4) 单击要复制数据的起始单元格。

(5) 单击菜单"编辑"—"选择性粘贴"命令。打开"选择性粘贴"对话框，选择"值和数字格式"选项按钮。

(6) 单击"确定"按钮，则将数据和数字格式全部进行了复制。

(7) 将新的工作簿以一个直观的名字命名，进行保存，便于以后的查找。

二、会计报表的编制

会计报表是综合反映企业经营成果、财务状况及现金流量信息的书面文件，它是会计核算的最终结果，也是会计核算工作的总结。主要的会计报表按照反映内容的不同，可以分为资产负债表、利润表和现金流量表。首先需要完成会计凭证表的制作，现金流量表在沙盘中不做要求。另外，需要建立一个名为"组号+会计报表.xls"工作簿，在此工作簿中建立"首页"、"科目汇总表"、"科目余额表"、"资产负债表"、"利润表"、"现金流量表"等工作表，各工作表分别完成相应的工作任务。

(一) 科目汇总表的建立

科目汇总表是将一定期间内的所有经济业务，根据相同的会计科目进行归类，定期汇总出每一个会计科目的本期借方发生额合计数和贷方发生额合计数的一种表格。科目汇总表在会计账务核算过程中起着承上启下的作用。一方面，将一定期间发生的经济业务分门别类地进行汇总；另一方面，为编制会计报表提供数据。科目汇总表的格式如图 7-15 所示。

	A	B	C	D	E	F
1			科目汇总表			
2			年 月 日			
3	编制单位					
4		科目代码	会计科目	借方发生额	贷方发生额	
5						
6						
7						
8						
9						
10						
11						
12						

图 7-15　科目汇总表

1. 生成科目汇总表数据

科目汇总表是建立在会计凭证表基础之上的，其数据来源于会计凭证表。我们可以利用 Excel 中的数据透视表功能将已形成的会计凭证表生成科目汇总表数据。按照惯例，已将所需要的范围名称定义完成。具体的操作步骤如下：

打开"会计凭证表"工作表。

单击菜单"数据"|"数据透视表和图表报告"命令，在弹出的"数据透视表和数据透视图向导"对话框中选择"Microsoft Excel 数据列表或数据库"和"数据透视表"（如图 7-16 所示），然后单击"下一步"按钮。

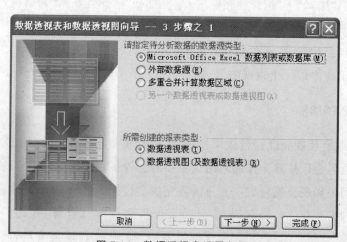

图 7-16　数据透视表设置向导

单击菜单"插入"|"名称"|"粘贴"命令（如图 7-17 所示）。

实训项目七 企业财务管理

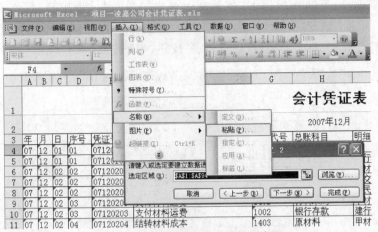

图 7-17 选择数据透视表的数据来源

选择"会计凭证表"范围名称粘贴在"选定区域",如图 7-18 所示,然后单击"下一步"按钮。

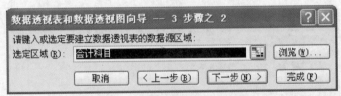

图 7-18 粘贴范围名称后的对话框

在"数据透视表和数据透视图向导"对话框中选择"新建工作表"按钮,并单击"布局"按钮。

在"数据透视表和数据透视图向导"对话框中将"年"、"月"拖动到"页"区域(如图 7-19 所示)。

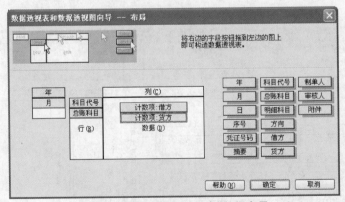

图 7-19 设置"数据透视表"数据布局

在"数据透视表和数据透视图向导"对话框中将"科目代号"、"总账科目"拖动到"行"区域(如图 7-19 所示)。

在"数据透视表和数据透视图向导"对话框中将"借方"、"贷方"拖动到"数据"区域(如图 7-19 所示)。

147

双击"计数项:借方",在弹出的"数据据透视表字段"对话框中将"汇总方式"选为"求和",在"数字"按钮中选择"会计专用",将"小数点位数"选为"2","货币符号"选为"无"。按同样步骤操作"计数项:货方",然后单击"确定"按钮,如图7-20所示。

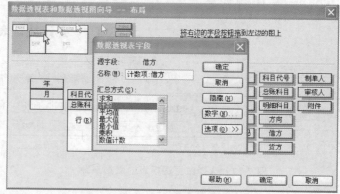

图 7-20　设置"数据透视表"字段

返回"数据透视表和数据透视图向导"对话框,如图7-21所示。

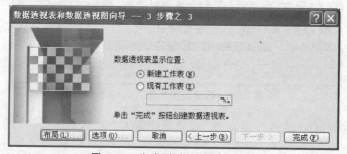

图 7-21　完成"数据透视表"布局

单击"完成"按钮。并将新生成的工作表 Sheet1 重命名为"科目汇总表",如图7-22所示。

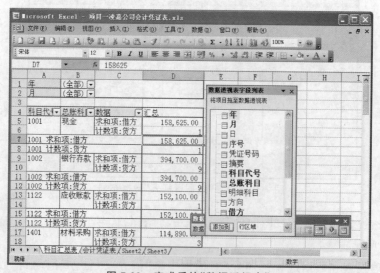

图 7-22　完成后的"数据透视表"

2. 科目汇总表的美化

用"数据透视表"生成的科目汇总表在格式上与会计上熟悉的科目汇总表还有一定的差距,现在将在已生成的"数据透视表"基础上进行美化和调整,具体操作步骤如下:

选择第一行并单击鼠标右键,在弹出的快捷菜单中选择"插入"命令,在表格顶头插入一行。

选择 A1:E1 单元格,单击"全并及居中"按钮,输入"科目汇总表",并单击"加粗"按钮(如图 7-23 所示)。

将鼠标移至"数据"标题字段处,将"数据"拖动至"汇总"字段处。

将鼠标移至 A 列并单击右键,在弹出的快捷菜单中选择"字段设置"命令,在"数据透视表字段"对话框中的"分类汇总"项目中选择"无"。

图 7-23 设置"科目汇总表"标题

单击"确定"按钮,完成科目汇总表的建立。

3. 科目汇总表数据的自动更新

生成的数据透视表中的数据,不能随意进行修改和变动,只能够随着数据源数据的更新而更新。具体的步骤如下:

在"会计凭证表"工作表中删除一笔业务。

切换至"科目汇总表"工作表,单击鼠标右键,在弹出的快捷菜单中选择"刷新数据"命令。

在弹出的对话框中单击"确定"按钮。"科目汇总表"的数据便自动进行更新,并且在此基础上建立的数据透视表均自动更新。

(二) 科目余额表的建立

科目余额表是用来记录本期所有会计科目的发生额和余额的表格,它是科目汇总表的进一步延伸,能够反映某一会计期间相关会计科目(账户)的期初余额、本期发生额、期末余额,为编制会计报表提供更完善的数据。

1. 科目余额表的结构设计

利用 Excel 建立科目余额表的步骤如下：

将"组号＋会计报表.xls"工作簿中的工作表"Sheet2"重命名为"科目余额表"。

选择 A1:H1 单元格，单击"合并及居中"按钮。在 A1 单元格中输入"科目余额表"，并单击"加粗"按钮。

选择 A3 单元格，输入"科目编号"，并单击"加粗"按钮。

选择 B2:B3 单元格，单击"合并及居中"按钮。在 B2 单元格中输入"会计科目"，并单击"加粗"按钮。

选择 C2:D2 单元格，单击"合并及居中"按钮。在 C2 单元格中输入"期初余额"，并单击"加粗"按钮。

选择 E2:F2 单元格，单击"合并及居中"按钮。在 E2 单元格中输入"本期发生额"，并单击"加粗"按钮。

选择 G2:H2 单元格，单击"合并及居中"按钮。在 G2 单元格中输入"期末余额"，并单击"加粗"按钮。

分别选择 C3、E3、G3 单元格，输入"借方"，并单击"加粗"按钮。

分别选择 D3、F3、H3 单元格，输入"贷方"，并单击"加粗"按钮。如图 7-24 所示。

	A	B	C	D	E	F	G	H	I
1				科目余额表					
2	科目编号	会计科目	期初余额		本期发生额		期末余额		
3			借方	贷方	借方	贷方	借方	贷方	
4									
5									
6									

图 7-24 科目余额表表头

根据上一部分会计凭证介绍的有关记录单位的知识，在 A、B 两列的单元格内输入科目编号、会计科目名称。

选择 A95:B95 单元格，输入"合计"，并单击"加粗"按钮。

选择 C95 单元格，单击函数按钮 f_x，执行"粘贴函数"命令。

在"函数分类"中选择"常用函数"中的"SUM"函数，在 SUM 函数中输入公式"＝SUM(C4:C94)"。并单击"确定"按钮。

选取 C95 单元格并单击鼠标右键，在弹出的快捷菜单中选择"复制"命令。

选取 D95:H95 单元格并单击鼠标右键，在弹出的快捷菜单中选择"粘贴"命令。这样 D95:H95 单元格均自动套用公式。

选中 C 至 H 列，单击菜单"格式"|"单元格"命令，在弹出的"单元格格式"对话框中，将"数字"设为"会计专用"，"小数位数"选择"2"，"货币符号"选择"元"。

单击"确定"按钮，完成科目余额表的格式建立。

2. 期初余额的链接调用

由于科目余额表中的会计科目固定，科目余额表的期初余额可以从上期期末科目余额表中的期末余额中链接过来。若在不同的工作簿，可以通过工作表之间数据链接来解决科目余额表的期初余额的调用问题。直接引用公式为“＝[被引用工作簿名称]被引用工作表名称！被引用单元格”。若在同一个工作簿，则“被引用工作簿名称”可以省略。沙盘实训中期初余额第一年只有现金以及股东资本，具体可以参照规则中说明，操作步骤如下：

打开“科目余额表”工作表。

选择 C4 单元格，输入“＝”。

将鼠标移至“期初余额”工作表中，单击 B4 单元格。

将鼠标移回至“科目余额表”工作表。如图 7-25 所示。

SUM ▾ ✕ ✓ fx =期初余额!E4

	A	B	C	D	E	F	G
1				科目余额表			
2		会计科目	期初余额		本期发生额		
3	科目编号		借方	贷方	借方	贷方	借方
4	1001	现金	=期初余额!E4				
5	1002	银行存款					
6	1015	其他货币资金					
7	1101	交易性金融资产					
8	1121	应收票据					
9	1122	应收账款					
10	1123	预付账款					

图 7-25　建立直接链接

按 Enter 键，在“科目余额表”工作表 C4 单元格位置显示出期初现金余额的数值。

单击 C4 单元格，将其向下填充复制到 C94 单元格，建立其他会计科目期初借方余额的链接。

重复步骤(1)至(6)的方法，建立科目余额表的期初贷方余额的编制。结果如图 7-26 所示。

	A	B	C	D	E	F
1				科目余额表		
2		会计科目	期初余额		本期发生额	
3	科目编号		借方	贷方	借方	贷方
4	1001	现金	105.00			
5	1002	银行存款	272,885.00			
6	1015	其他货币资金				
7	1101	交易性金融资产				
8	1121	应收票据				
9	1122	应收账款	140,000.00			
10	1123	预付账款				
11	1131	应收股利				
12	1132	应收利息				

图 7-26　科目余额表完成样表

3. 本期发生额的链接调用

科目余额表中本期发生额需要从本期科目汇总表中调用。由于每个会计期间发生的经济业务不完全相同，根据记录经济业务的会计凭证表自动生成的科目汇总表的会计科目也

不固定。在从本期科目汇总表中调用数据时,便不能直接调用,要借助于函数进行间接调用。具体步骤如下:

打开"科目余额表"工作表。

选择 E4 单元格,单击 f_x 按钮,执行"粘贴函数"命令。在"或选择类别"中选择"逻辑"类别函数,在"选择函数"中选择 IF 函数,单击"确定"按钮。

将光标移至 IF 函数"Logical_test"自变量位置空白处,单击下拉式菜单按钮,在"其他函数"中选择 ISNA 函数。如图 7-27 所示。

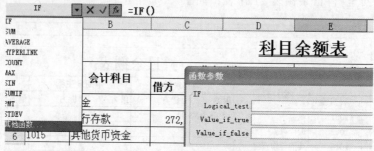

图 7-27 选择 ISNA 函数

将光标移至 ISNA 函数"Value"自变量位置空白处,单击下拉式菜单按钮,选择 VLOOKUP 函数。

在 VLOOKUP 函数的"Lookup_value"自变量位置输入"B4","Table_array"自变量位置粘贴名称范围"科目余额表","Col_index_num"自变量位置输入"2","Rang_lookup"自变量位置输入"FALSE",如图 7-28 所示。

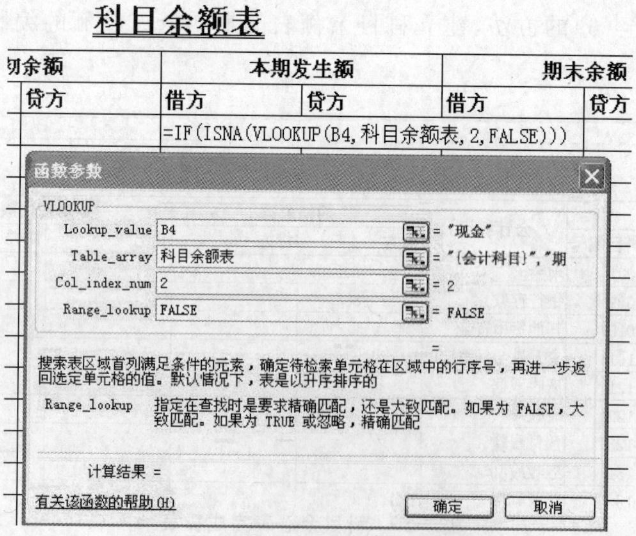

图 7-28 输入 VLOOKUP 函数参数

将光标移回至 IF 函数,在"Value_if_true"自变量位置输入"0",在"Value_if_false"自变量位置空白处,单击下拉式菜单按钮,选择 VLOOKUP 函数。

重复步骤(5)。单击"确定"按钮,完成函数设置。

则会在 E4 单元格显示本月现金的借方发生额。

单击 E4 单元格,将其向下填充复制到 E94 单元格,建立其他会计科目本期借方发生额的链接。

按照同样的方法,可以将科目余额表"本期贷方发生额"与科目汇总表建立动态的链接。科目余额表的本期发生额编制完成。

4. 期末余额的生成

科目余额表中的会计科目涉及六类:资产类、负债类、共同类、所有者权益类、成本类和损益类。根据会计核算的规则,资产和成本类科目:期末余额=期初余额+本期借方发生额—本期贷方发生额。负债和所有者权益类科目:期末余额=期初余额+本期贷方发生额—本期借方发生额。共同类科目:期末借方余额=期初余额+本期借方发生额;期末贷方余额=期初余额+本期贷方发生额。损益类科目:财务收入类科目期末余额=期初余额+本期贷方发生额—本期借方发生额;财务支出类科目期末余额=期初余额+本期借方发生额—本期贷方发生额。

期末余额的计算需要根据上述公式来进行。具体步骤如下:

打开"科目余额表"工作表。

选择 G4 单元格,输入"=C4+E4-F4"。

按 Enter 键,"现金"科目的期末余额计算为 935 元。

选择 G4 单元格并单击鼠标右键,在弹出的快捷菜单中选择"复制"命令。

选择 G5:G13,按住 Ctrl 键,继续选择 G14:G35 单元格及 G38:G41,G41:G47,G77:G80 单元格及 G85:G94。释放 Ctrl 键,此时所有资产类和成本及损益类中的财务支出类科目借方余额单元格被选定。

单击鼠标右键,在弹出的快捷菜单中选择"粘贴"命令。

如图 7-29 所示,所有资产类和成本类及损益类中的财务支出类科目借方的期末余额计算完成。

科目余额表

科目编号	会计科目	期初余额		本期发生额		期末余额	
		借方	贷方	借方	贷方	借方	贷方
1001	现金	105.00		16,605.00	15,775.00	935.00	
1002	银行存款	272,885.00		394,700.00	135,095.00	532,490.00	
1015	其他货币资金						
1101	交易性金融资产						
1121	应收票据						
1122	应收账款	140,000.00		152,100.00	140,000.00	152,100.00	
1123	预付账款						
1131	应收股利						
1132	应收利息						
1231	其他应收款						
1241	坏账准备						
1321	代理业务资产						
1401	材料采购			114,890.00	114,890.00		

图 7-29 显示计算结果

选择 H14 单元格,输入"D14+F14—E14",按 Enter 键。

选择 H36:H37,H42:H43,H48:H67,H71:H76,H81:H84 单元格,复制 H14 单元格。

同资产类、成本类及损益类科目,负债类和所有者权益类损益类中的财务收入类会计科目的期末贷方余额计算完成。

选择 G68 单元格,输入"=C68+E68",按 Enter 键;选择 G69:G70 单元格复制,则所有共同类科目的借方余额计算完成。

选择 H68 单元格,输入"=D68+F68",按 Enter 键;选择 H69:H70 单元格复制,则所有共同类科目的贷方余额计算完成。

(三) 资产负债表的编制

资产负债表是反映企业某一特定日期财务状况的会计报表,它是根据资产、负债表和所有者权益三者之间的平衡关系,把日常经营活动的信息按照一定的分类标准和一定的顺序加工而成的。它表明企业某一特定日期所拥有或控制的经济资源,所承担的现有义务和所有者对净资产的要求权。我国的资产负债表的格式采用账户式。

1. 资产负债表的格式设计

账户式的资产负债表是根据"资产=负债+所有者权益"将表分成左右两方,左方反映资产,右方反映负债和所有者权益,按其构成项目依据流动性分类,左右双方总额相等(如图 7-30 所示)。具体步骤如下:

B	C	D	E	F	G	H	I
			资 产 负 债 表				
编制单位:			2010年1月				单位:元
资产	行次	期末余额	年初余额	负债和所有者权益	行次	期末余额	年初余额
流动资产:	1			流动负债:	34		
货币资金	2			短期借款	35		
交易性金融资产	3			交易性金融负债	36		
应收票据	4			应付票据	37		
应收账款	5			应付账款	38		
预付款项	6			预收帐款	39		
应收利息	7			应付职工薪酬	40		
应收股利	8			应交税费	41		
其它应收款	9			应付利息	42		
存货	10			应付股利	43		
一年内到期的非流动资产	11			其它应付款	44		
其他流动资产	12			一年内到期的非流动负债	45		
流动资产合计	13			其他流动负债	46		
非流动资产:	14			流动负债合计	47		
可供出售金融资产	15			非流动负债:	48		
持有至到期投资	16			长期借款	49		

图 7-30 资产负债表格式

在"组号+会计报表.xls"工作簿中插入工作表"Sheet4",重命名为"资产负债表"。

选择 B1:I1 单元格,单击"合并及居中"按钮。在 B1 单元格中输入"资产负债表",并设置其格式。

选择 B2:C2 单元格,单击"合并及居中"按钮。在 B2 单元格中输入"编制单位",并设置其格式。

选择 D2:H2 单元格,单击"合并及居中"按钮。在 D2 单元格中输入"年、月、日",并设置其格式。

在 I2 单元格中输入"单位:元",并设置其格式。

在"B3:I3"单元格分别输入"资产、行次、期末余额、年初余额、负债和所有者权益、行次、期末余额、年初余额"等,并设置其格式。

在资产负债表中每个资产及负债和所有者权益项目中录入报表项目名称。

选择资产负债表所有单元格,单击鼠标右键,在弹出的快捷菜单中选择"设置单元格格式"命令,打开"边框"选项卡,选择如图 7-30 所示的边框样式,单击"确定"按钮;根据具体的报表项目进行列宽的调整,这样如图 7-30 所示的资产负债表格式就生成了。

2. 资产负债表的编制步骤

编制资产负债表是在建立的科目余额表的基础上进行的。因为资产负债表上的报表项目与科目余额表的科目项目不完全统一,因此需要根据各会计科目的余额或发生额进行分析填列。资产负债表期初数即为上期期末数,可以直接从上期资产负债表中获得。如果在没有上期资产负债表的情况下,比照本期期末数的编制,在此不再赘述。下面主要介绍期末余额的编制。

资产负债表各报表项目的数据来源主要通过以下几种方式取得:

(1) 根据总账账户余额直接填列,如"应收票据"、"短期贷款"等项目。

(2) 根据总账账户余额计算填列,如"货币资金"、"存货"等项目。

(3) 根据明细账户余额计算填列,如"应付账款"等项目。

(4) 根据总账账户和明细账账户的余额分析计算填列,如"长期借款"等项目。

(5) 根据有关账户期末余额减去其备抵账户后的净额分析填列,如"固定资产"等项目。

依照各项目数据来源方式,可以采用数据链接直接引用方式引用科目余额表、明细分类账等工作表的相关数据进行资产负债表的编制,也可采用 SUMIF 和 VLOOKUP 等函数间接调用科目余额表等其他工作表的相关数据进行资产负债表的编制。本例以直接引用为例,具体步骤如下:

打开"组号+会计报表.xls"工作簿中"科目余额表"和"资产负债表"的工作表。

选择"资产负债表"工作表中 D5 单元格输入"="。

激活"组号+会计报表.xls"工作表,将界面切换到科目余额表中。

单击"科目余额表"中的单元格 G4,输入"+",再单击"科目余额表"中的单元格 G5,输入"+",再单击"科目余额表"中的单元格 G6。

按 Enter 键,界面自动切换到"资产负债表",并在 D5 单元格显示计算结果"533,425.00"。此时,在公式编辑栏中显示单元格 D5 所采用的计算公式"=科目余额表!$G$4+科目余额表!$G$5+科目余额表!$G$6"。

参照(2)至(5)的步骤,结合"资产负债表"各个报表项目的数据来源方式,将每个项目的公式设置完成,产生相应的计算结果。

选择 D18、D37、D38、H18、H27、H28、H35、H38 单元格,输入 SUM 函数,并在函数中输入相同的范围,显示其计算结果。这样,"资产负债表"的期末余额项目全部编制完成。

查看"资产负债表"的"资产总计"和"负债与所有者权益总计"是否相等,如不相等则需要查看具体的各个报表项目的公式设置情况。

将"年初余额"进行相同的设置,编制完成的"资产负债表"如图 7-31 所示。

资产负债表

编制单位：　　　　　　　　　　　年　月　　　　　　　　　　　单位：元

资产	行次	期末余额	年初余额	负债和所有者权益	行次	期末余额	年初余额
流动资产：	1			**流动负债：**	34		
货币资金	2	533,425.00	272,990.00	短期借款	35	90,000.00	90,000.00
交易性金融资产	3			交易性金融负债	36		
应收票据	4			应付票据	37		
应收账款	5	152,100.00	140,000.00	应付账款	38	86,872.50	69,000.00
预付款项	6			预收账款	39		
应收利息	7			应付职工薪酬	40		
应收股利	8			应交税费	41	123,344.69	68,200.00
其它应收款	9			应付利息	42		
存货	10	233,558.00	346,000.00	应付股利	43		
一年内到期的非流动资产	11			其它应付款	44		
其他流动资产	12			一年内到期的非流动负债	45		

图 7-31　编制完成的资产负债表

（四）利润表的编制

利润表是反映企业一定期间生产经营成果的会计报表。利润表把一定时期的营业收入与其同一会计期间相关的营业费用进行配比，以计算出企业一定时期的净利润。通过利润表反映的收入和费用等情况，能够反映企业生产经营的收入情况及费用耗费情况，表明企业一定时期的生产经营成果。我国会计实务中多采用多步式利润表。

1. 利润表的结构设计

多步式利润表是通过营业利润、利润总额几个步骤最后计算出净利润而编制的利润表，格式如图 7-32 所示，具体操作步骤如下：

利　润　表

会企 02表

编制单位：　　　　　　　　　　年　月　　　　　　　　　　单位：元

项目	行次	本期金额	上期金额
一、营业收入	1	350,000.00	
减：营业成本	2	258,232.00	
营业税金及附加	3		
销售费用	4	1,050.00	
管理费用	5	6,025.00	
财务费用	6	550.00	
资产减值损失	7		
加：公允价值变动损益（损失以"-"填列）	8		
投资收益（损失以"-"填列）	9		
二、营业利润（亏损以"-"填列）	10		
加：营业外收入	11		
减：营业外支出	12		
其中：非流动资产处置损失	13		
三、利润总额（亏损以"-"填列）	14		
减：所得税费用	15		
四、净利润（净亏损以"-"填列）	16		

图 7-32　利润表格式

在"组号+会计报表.xls"工作簿中插入工作表"Sheet5",重命名为"利润表"。

选择 B:E1 单元格,单击"合并及居中"按钮,在 B1 单元格中输入"利润表",并设置其格式。

选择 B2:E2 单元格,单击"合并及居中"按钮,在 B2 单元格中输入"会企 02 表",并设置其格式。

在 B3 单元格中输入"编制单位:",并设置其格式。

在 E3 单元格中输入"单位:元",并设置其格式。

在"B4:E4"单元格中分别输入"项目"、"行次"、"本年金额"、"上年金额",并设置其格式。

在利润表的每个项目中输入具体的项目名称。

选择利润表所有项目单元格,单击鼠标右键,在弹出的快捷菜单中选择"设置单元格格式"命令,打开"边框"选项卡,选择如图 7-32 所示的边框样式,单击"确定"按钮;根据具体的报表项目进行列宽的调整,这样如图 7-32 所示的利润表格式就生成了。

2. 利润表的编制步骤

利润表的编制同样建立在科目余额表上,与"资产负债表"编制不同的是,由于收入、费用类账户每期结转后已无余额,在编制时,需要根据科目余额表中本期发生额的有关会计科目进行编制。利润表中本期数的填制,需要在科目余额表本期发生额中进行直接调用,具体步骤如下:

打开"组号+会计报表.xls"工作簿中"利润表"的工作表。

选择"利润表"工作表中 D5 单元格,并输入"="。

激活"组号+会计报表.xls"工作表,将界面切换至科目余额表中。

单击"科目余额表"中的单元格 F81,输入"+"再单击"科目余额表"中的单元格 F82。

按 Enter 键,界面自动切换到"利润表",并在 D5 单元格显示计算结果"350,000.00"。此时,在公式编辑栏中显示单元格 D5 所采用的计算公式"=科目余额表!F81+科目余额表!F82"。

参照(2)至(5)的步骤,结合"利润表"各个报表项目数据来源方式,将每个项目的公式设置完成,产生相对的计算结果(如图 7-32 所示)。

选择 D14 单元格,输入"=D5-D6-D7-D8-D9-D10-D11+D12+D13",按 Enter 键。

选择 D18 单元格,输入"=D14+D15-D16",按 Enter 键。

选择 D20 单元格,输入"=D18-D19",按 Enter 键。这样,利润表本年金额的填制就完成了。

利润表中的上年金额可以用相同的方法在科目余额表中进行调用,这里不再赘述。

任务总结

本次任务的完成需要根据沙盘中具体的操作步骤以及所产生比如广告投放、长期贷款、生产线投资等现金流以及折旧等数据。在完成报表制作之前,需要根据具体业务完成借贷的编写。教师可根据具体内容进行引导讲述。第一年的 Excel 编好之后,在以后几年中可以继续使用。

实训任务3 企业综合评价

企业评价是揭示企业内在价值和提供价值创造价值途径的行为,因而企业的评价具有明显的导向性。几年的经营下来,大家一定是很关注自己的业绩,那么如何来进行评价,特别是财务角度的评价分析?请根据相关资料,完成对企业的财务评价,并在 Excel 中通过上次任务中的财务报表完成相关指标的编制工作。

任务研修

一、企业经营效率分析

分析企业的经营管理效率,是判定企业能否因此创造更多利润的一种手段。如果企业的生产经营管理效率不高,那么企业的高利润状态是难以持久的。这里我们介绍几个财务指标的综合搭配分析的方法,可以帮助投资者更好地了解企业的经营管理现状,为投资者的各项投资决策奠定基础。

1. 从长期负债、流动负债、销售收入的变化,分析企业的经营管理效率。

(1) 长期负债是企业负债经营情况的反映。如果长期负债增加,说明企业的负债经营风险提高,那么看企业的经营效益如何就越发重要。如果企业在长期负债增长的同时,销售收入也增长,那么说明企业的举债经营正确,企业的财务状况发展良好;反之,销售收入降低,则说明企业的财务状况形势趋于严峻。

(2) 长期负债的变化也要同流动负债的增减变化结合起来分析。长期负债增加,流动负债减少,说明企业的生产经营资金有长期保证,是扩大经营业务的好机会。这种情况下,如果企业的销售收入增长,说明企业确实抓住了机会,经营有方。如果销售收入没有增长,那么有两种可能情况:一是企业通过增加在建工程来进行结构性调整,这时要着重分析在建工程的详细状况和预期效益;二是企业有可能通过恶化企业的资金结构,用降低企业独立性和稳定性的办法,暂时回避短期资金的紧张。

(3) 长期负债、流动负债、销售收入都在增长时,要看各个指标增长的速度。如果销售收入的增长幅度大于长期负债和流动负债的增长幅度,说明企业在所有者权益的变化不大的情况下,进入了自我发展的良性循环。如果销售收入的增长幅度小于长期负债和流动负债的增长,则说明企业的经营规模的扩大并没有伴随经济效益的提高。

(4) 长期负债、流动负债、销售收入都在下降时,销售收入的下降幅度更大,则说明企在衰退,必须进行方向性战略调整才有可能摆脱困境。如果销售收入的下降慢于流动负债和长期负债的下降,则表明企业在缩小经营规模的同时,在努力提高经济效益,企业处于调整时期。

(5) 流动负债减少、长期负债减少、销售收入在增长。这说明企业的经营管理有效,企业在缩减负债的同时,扩大了市场销售,经济效益明显提高,这是企业的一种最理想的情况。

2. 从流动资产率(流动资产/总资产)的增长幅度,与营业利润的增长幅度比较,看企业的经营管理效率。

(1) 流动资产率增长,营业利润也有所增长,说明企业正在发挥现有潜力,经营状况有所好转;反之营业利润降低,则说明企业的产品销售不畅,经营形势有恶化的趋势。

(2) 流动资产率降低,但营业利润有所增加,表明企业加速了资金周转,创造出了更多的利润;反之营业利润降低,则说明企业的原有生产结构过时,经营不善,企业的财务状况有可能恶化。但要注意,如果在建工程或投资的增加幅度超过80%以上,也有可能是说明企业在损失当前利益的同时,寻求一种长远利益,企业正处于生产和建设并举时期,那么投资者可以谨慎对待,关注其长期投资价值。

二、成本分析

成本分析应当从静态与动态两个方面入手,静态上分析各项费用占销售收入的比重,动态上通过成本所占比重的发展趋势揭示企业经营过程中的问题。企业成本由多项费用要素构成,所以,了解各费用要素在总体成本中所占的比重,分析成本结构,从比例较高的那些费用支出入手,分析其发生的原因,提出控制费用的有效办法。

费用比例=费用/销售收入

企业经营是持续性的活动,由于资源的消耗和补充是缓慢进行的,所以从单一时点上很难评价一个企业经营的好坏。比如,广告费用占销售的比例,单以一个时点来评价,一定有失偏颇,但在同一个时点上,可将企业进行横向比较,评价该企业在同类企业中的优势及劣势。

三、财务分析

1. 流动比率,是指流动资产总额和流动负债总额之比。流动比率表示企业流动资产中在短期债务到期时变现用于偿还流动负债的能力。

2. 速动比率,是指速动资产对流动负债的比率。它是衡量企业流动资产中可以立即变现用于偿还流动负债的能力。速动资产包括货币资金、短期投资、应收票据、应收账款、其他应收款项等各项可迅速变现的资产,存货、预付账款、待摊费用等则不应计入。

速动比率=(流动资产-存货-预付账款-待摊费用)/流动负债总额×100%

3. 存货周转率是衡量和评价企业购入存货、投入生产、销售收回等各环节管理状况的综合性指标。它是销货成本被平均存货所除而得到的比率,或叫存货的周转次数,用时间表示的存货周转率就是存货周转天数。

$$存货周转次数 = 销货成本 / 平均存货余额$$

$$存货周转天数 = 360 / 存货周转次数$$

存货周转率指标的好坏反映企业存货管理水平的高低,它影响到企业的短期偿债能力,是整个企业管理的一项重要内容。一般来讲,存货周转速度越快,存货的占用水平越低,流动性越强,存货转换为现金或应收账款的速度越快。因此,提高存货周转率可以提高企业的变现能力。

存货周转率在流动资产中,存货所占比重较大,存货的流动性将直接影响企业的流动比率。因此,必须特别重视对存货的分析。存货流动性的分析一般通过存货周转率来进行。

4. 应收账款周转率是销售收入除以平均应收账款的比值,它反映公司从取得应收账款的权利到收回款项,转换为现金所需要时间的长度。

计算方法:

$$应收账款周转率 = 主营业务收入净额 / 平均应收账款余额$$

$$主营业务收入净额 = 主营业务收入 - 销售折扣与折让$$

$$平均应收账款余额 = (应收账款余额年初数 + 应收账款余额年末数) / 2$$

一般情况下,应收账款周转率越高越好。应收周转率越高,表明收账迅速,账龄较短;资产流动性强,短期偿债能力强;可以减少收账费用和坏账损失。

5. 流动资产周转率指一定时期内流动资产平均占用额完成产品销售额的周转次数,反映流动资产周转速度和流动资产利用效果。

$$流动资产周转率 = (当年累计产品销售收入额 \times 12 / 月份数) / 流动资产平均占用额$$

6. 总资产周转率是综合评价企业全部资产经营质量和利用效率的重要指标。周转率越大,说明总资产周转越快,反映销售能力越强。企业可以通过薄利多销的办法,加速资产的周转,带来利润绝对额的增加。

$$总资产周转率 = 销售收入总额 / 资产平均总额 \times 100\%$$

7. 资产负债率反映在总资产中有多大比例是通过借债来筹资的,也可以衡量企业在清算时保护债权人利益的程度。

资产负债率是负债总额除以资产总额的百分比,也就是负债总额与资产总额的比例关系。

8. 销售净利率是指企业实现净利润与销售收入的对比关系,用以衡量企业在一定时期的销售收入获取的能力。该指标反映能够取得多少营业利润。销售净利率,是净利润占销售收入的百分比。该指标反映每一元销售收入带来的净利润的多少,表示销售收入的收益水平。

它与净利润成正比关系,与销售收入成反比关系,企业在增加销售收入额的同时,必须相应地获得更多的净利润,才能使销售净利率保持不变或有所提高。通过分析销售净利率的升降变动,可以促使企业在扩大销售的同时,注意改进经营管理,提高盈利水平。销售净利率能够分解成为销售毛利率、销售税金率、销售成本率、销售期间费用率等。销售净利率的计算公式为:

$$销售净利率 = (净利润 / 销售收入) \times 100\%$$

销售毛利率是毛利占销售收入的百分比，也简称为毛利率。

四、杜邦分析

杜邦财务分析法(Du Pont Analysis)是一种比较实用的财务比率分析法。这种分析方法首先由美国杜邦公司的经理创造出来，故称之为杜邦财务分析法。这种财务分析方法从评价企业绩效最具综合性和代表性的指标——权益净利率出发，层层分解至企业最基本生产要素的使用，成本与费用的构成和企业风险，从而满足通过财务分析进行绩效评价的需要，在经营目标发生异动时经营者能及时查明原因并加以修正，同时为投资者、债权人及政府评价企业提供依据。

(一) 杜邦分析法和杜邦分析图

杜邦模型最显著的特点是将若干个用以评价企业经营效率和财务状况的比率按其内在联系有机地结合起来，形成一个完整的指标体系，并最终通过权益收益率来综合反映。采用这一方法，可使财务比率分析的层次更清晰、条理更突出，为报表分析者全面仔细地了解企业的经营和盈利状况提供方便。

杜邦分析法有助于企业管理层更加清晰地看到权益资本收益率的决定因素，以及销售净利润率与总资产周转率、债务比率之间的相互关联关系，给管理层提供了一张明晰的考察公司资产管理效率和是否最大化股东投资回报的路线图。

杜邦分析法利用各个主要财务比率之间的内在联系，建立财务比率分析的综合模型，来综合地分析和评价企业财务状况和经营业绩的方法。采用杜邦分析图将有关分析指标按内在联系加以排列，从而直观地反映出企业的财务状况和经营成果的总体面貌。

杜邦财务分析法体系如图 7-33 杜邦分析图所示。

	A	B	C	D	E	F
1				科目余额表		
2		会计科目	期初余额		本期发生额	
3	科目编号		借方	贷方	借方	贷方
4	1001	现金	105.00			
5	1002	银行存款	272,885.00			
6	1015	其他货币资金				
7	1101	交易性金融资产				
8	1121	应收票据				
9	1122	应收账款	140,000.00			
10	1123	预付账款				
11	1131	应收股利				
12	1132	应收利息				

图 7-33　杜邦分析图

(二) 对杜邦分析图的具体分析

1. 图中各财务指标之间的关系

可以看出杜邦分析法实际上从两个角度来分析财务，一是进行了内部管理因素分析，二是进行了资本结构和风险分析。

权益净利率＝资产净利率×权益乘数

权益乘数＝1÷（1－资产负债率）

资产净利率＝销售净利率×总资产周转率

销售净利率＝净利润÷销售收入

总资产周转率＝销售收入÷总资产

资产负债率＝负债总额÷总资产

2. 杜邦分析图提供了下列主要的财务指标关系的信息

（1）权益净利率是一个综合性最强的财务比率，是杜邦分析系统的核心。它反映所有者投入资本的获利能力，同时反映企业筹资、投资、资产运营等活动的效率，它的高低取决于总资产利润率和权益总资产率的水平。决定权益净利率高低的因素有三个方面——权益乘数、销售净利率和总资产周转率。权益乘数、销售净利率和总资产周转率三个比率分别反映了企业的负债比率、盈利能力比率和资产管理比率。

（2）权益乘数主要受资产负债率影响。负债比率越大，权益乘数越高，说明企业有较高的负债程度，给企业带来较多的杠杆利益，同时也给企业带来了较多的风险。资产净利率是一个综合性的指标，同时受到销售净利率和资产周转率的影响。

（3）资产净利率也是一个重要的财务比率，综合性也较强。它是销售净利率和总资产周转率的乘积，因此，要进一步从销售成果和资产营运这两方面来分析。

销售净利率反映了企业利润总额与销售收入的关系；从这个意义上看提高销售净利率是提高企业盈利能力的关键所在。要想提高销售净利率：一是要扩大销售收入；二是降低成本费用。而降低各项成本费用开支是企业财务管理的一项重要内容。通过各项成本费用开支的列示，有利于企业进行成本费用的结构分析，加强成本控制，以便为寻求降低成本费用的途径提供依据。

企业资产的营运能力，既关系到企业的获利能力，又关系到企业的偿债能力。一般而言，流动资产直接体现企业的偿债能力和变现能力；非流动资产体现企业的经营规模和发展潜力。两者之间应有一个合理的结构比率，如果企业持有的现金超过业务需要，就可能影响企业的获利能力；如果企业占用过多的存货和应收账款，则既要影响获利能力，又要影响偿债能力。为此，就要进一步分析各项资产的占用数额和周转速度。对流动资产应重点分析存货是否有积压现象、货币资金是否闲置、应收账款中分析客户的付款能力和有无坏账的可能；对非流动资产应重点分析企业固定资产是否得到充分的利用。

（三）利用杜邦分析法作实例分析

杜邦财务分析法可以解释指标变动的原因和变动趋势，以及为采取措施指明方向。下面以一家上市公司北汽福田汽车（600166）为例，说明杜邦分析法的运用方法。

福田汽车的基本财务数据如下表7-1所示。

表 7-1　福田汽车基本财务数据　　　　　　　　　　　　单位：万元

项目＼年度	净利润	销售收入	资产总额	负债总额	全部成本
2001	10284.04	411224.01	306222.94	205677.07	403967.43
2002	12653.92	757613.81	330580.21	215659.54	736747.24

表 7-2　2001 至 2002 年财务比率

项目＼年度	2001	2002
权益净利率	0.097	0.112
权益乘数	3.049	2.874
资产负债率	0.672	0.652
资产净利率	0.032	0.039
销售净利率	0.025	0.017
总资产周转率	1.34	2.29

数据来源：福田汽车 2002 年年报　中国证券报

1. 对权益净利率的分析

权益净利率指标是衡量企业利用资产获取利润能力的指标。权益净利率充分考虑了筹资方式对企业获利能力的影响，因此它所反映的获利能力是企业经营能力、财务决策和筹资方式等多种因素综合作用的结果。

该公司的权益净利率在 2001 年至 2002 年间出现了一定程度的好转，分别从 2001 年的 0.097 增加至 2002 年的 0.112。企业的投资者在很大程度上依据这个指标来判断是否投资或是否转让股份，考察经营者业绩和决定股利分配政策。这些指标对公司的管理者也至关重要。

公司经理们为改善财务决策而进行财务分析，他们可以将权益净利率分解为权益乘数和资产净利率，以找到问题产生的原因，具体见表 7-3 所示。

表 7-3　权益净利率分析表

福田汽车	权益净利率	=	权益乘数	×	资产净利率
2001 年	0.097	=	3.049	×	0.032
2002 年	0.112	=	2.874	×	0.039

通过分解可以明显地看出，该公司权益净利率的变动在于资本结构（权益乘数）变动和资产利用效果（资产净利率）变动两方面共同作用的结果。而该公司的资产净利率太低，显示出很差的资产利用效果。

2. 分解分析过程

$$权益净利率 = 资产净利率 \times 权益乘数$$

2001 年 0.097＝0.032×3.049

2002 年 0.112＝0.039×2.874

经过分解表明,权益净利率的改变是由于资本结构的改变(权益乘数下降),同时资产利用和成本控制出现变动(资产净利率也有改变)。那么,我们继续对资产净利率进行分解:

资产净利率＝销售净利率×总资产周转率

2001 年 0.032＝0.025×1.34

2002 年 0.039＝0.017×2.29

通过分解可以看出 2002 年的总资产周转率有所提高,说明资产的利用得到了比较好的控制,显示出比前一年较好的效果,表明该公司利用其总资产产生销售收入的效率在增加。总资产周转率提高的同时销售净利率的减少阻碍了资产净利率的增加,我们接着对销售净利率进行分解:

销售净利率＝净利润÷销售收入

2001 年 0.025＝10284.04÷411224.01

2002 年 0.017＝12653.92÷757613.81

该公司 2002 年大幅度提高了销售收入,但是净利润的提高幅度却很小,分析其原因是成本费用增多,从表 7-1 可知:全部成本从 2001 年 403967.43 万元增加到 2002 年 736747.24 万元,与销售收入的增加幅度大致相当。下面是对全部成本进行的分解:

全部成本＝制造成本＋销售费用＋管理费用＋财务费用

2001 年 403967.43＝373534.53＋10203.05＋18667.77＋1562.08

2002 年 736747.24＝684559.91＋21740.962＋25718.20＋5026.17

通过分解可以看出杜邦分析法有效地解释了指标变动的原因和趋势,为采取应对措施指明了方向。

在本例中,导致权益利润率小的主要原因是全部成本过大。也正是因为全部成本的大幅度提高导致了净利润提高幅度不大,而销售收入大幅度增加,就引起了销售净利率的减少,显示出该公司销售盈利能力的降低。资产净利率的提高当归功于总资产周转率的提高,销售净利率的减少却起到了阻碍的作用。

福田汽车下降的权益乘数,说明他们的资本结构在 2001 至 2002 年发生了变动,2002 年的权益乘数较 2001 年有所减小。权益乘数越小,企业负债程度越低,偿还债务能力越强,财务风险程度越低。这个指标同时也反映了财务杠杆对利润水平的影响。财务杠杆具有正反两方面的作用。在收益较好的年度,它可以使股东获得的潜在报酬增加,但股东要承担因负债增加而引起的风险;在收益不好的年度,则可能使股东潜在的报酬下降。该公司的权益乘数一直处于 2～5 之间,也即负债率在 50%～80% 之间,属于激进战略型企业。管理者应该准确把握公司所处的环境,准确预测利润,合理控制负债带来的风险。

因此,对于福田汽车,当前最为重要的就是要努力减少各项成本,在控制成本上下力气,同时要保持自己高的总资产周转率。这样,可以使销售利润率得到提高,进而使资产净利率有大的提高。

(四) 结论

综上所述,杜邦分析法以权益净利率为主线,将企业在某一时期的销售成果以及资产营运状况全面联系在一起,层层分解,逐步深入,构成一个完整的分析体系。它能较好地帮助管理者发现企业财务和经营管理中存在的问题,能够为改善企业经营管理提供十分有价值的信息,因而得到普遍的认同并在实际工作中得到广泛的应用。

但是杜邦分析法毕竟是财务分析方法的一种,作为一种综合分析方法,并不排斥其他财务分析方法。相反与其他分析方法结合,不仅可以弥补自身的缺陷和不足,而且也弥补了其他方法的缺点,使得分析结果更完整、更科学。比如以杜邦分析为基础,结合专项分析,进行一些后续分析对有关问题作更深更细致分析了解;也可结合比较分析法和趋势分析法,将不同时期的杜邦分析结果进行对比趋势化,从而形成动态分析,找出财务变化的规律,为预测、决策提供依据;或者与一些企业财务风险分析方法结合,进行必要的风险分析,也为管理者提供依据,所以这种结合,实质也是杜邦分析自身发展的需要。分析者在应用时,应注意这一点。

任务总结

在沙盘实训中,往往采用"利润"这个指标来进行评价,这有一定的道理,但是仅仅从利润来评价一个企业经营的好与坏,不够全面,说服力也不够。一个利润指标无法来体现企业所面临的问题以及以后是否具有发展性,因此需要建立一套评价体系,特别是财务评价指标的建立,来帮助我们分析问题的原因并找到相应的解决措施。每一年的经营结束,管理团队都需要对企业经营结果进行分析,深刻反思成在哪里,败在哪里,竞争对手情况如何,是否需要调整计划等。

附录：企业经营过程记录表 计划·分析

组别：_____   第 1 年经营

	企业经营流程	每执行完一项操作，CEO 请在相应的方格内打勾。				
	手工操作流程	系统操作	手工记录			
年初	新年度规划会议					
	广告投放	输入广告费确认				
	参加订货会选订单/登记订单	选单				
	支付应付税（25%）	系统自动				
	支付长贷利息	系统自动				
	更新长期贷款/长期贷款还款	系统自动				
	申请长期贷款	输入贷款数额并确认				
			1季	2季	3季	4季
1	季初盘点（请填余额）	产品下线，生产线完工（自动）				
2	更新短期贷款/短期贷款还本付息	系统自动				
3	申请短期贷款	输入贷款数额并确认				
4	原材料入库/更新原料订单	需要确认金额				
5	下原料订单	输入并确认				
6	购买/租用—厂房	选择并确认，自动扣现金				
7	更新生产/完工入库	系统自动				
8	新建/在建/转产/变卖生产线	选择并确认				
9	紧急采购（随时进行）	随时进行输入并确认				
10	开始下一批生产	选择并确认				
11	更新应收款/应收款收现	需要输入到期金额				
12	按订单交货	选则交货订单确认				
13	产品研发投资	选择并确认				
14	厂房—出售（买转租）/退租/租转买	选择确认，自动转应收款				
15	新市场开拓/ISO 资格投资	仅第四季允许操作				
16	支付管理费/更新厂房租金	系统自动				
17	出售库存	输入并确认（随时进行）				
18	厂房贴现	随时进行				
19	应收款贴现	输入并确认（随时进行）				
20	季末收入合计					
21	季末支出合计					
22	季末数额对账[(1)+(20)-(21)]					
年末	缴纳违约订单罚款（25%）	系统自动				
	支付设备维护费	系统自动				
	计提折旧	系统自动				（ ）
	新市场/ISO 资格换证	系统自动				
	结账					

附录:企业经营过程记录表 计划·分析

用户　　　　　　　　第1年经营

操作顺序	请按顺序执行下列各项操作。各总监在方格中填写原材料采购/在制品/产品出库及入库情况。其中:入库数量为"＋",出库数量为"－"。季末入库合计为"＋"数据相加,季末出库合计为"－"数据相加。				
	原材料/在制品/产品库存台账	一季度	二季度	三季度	四季度
1	季初盘点(请填数量)				
2	更新短期贷款/短期贷款还本付息				
3	申请短期贷款				
4	原材料入库/更新原料订单				
5	下原料订单				
6	购买/租用—厂房				
7	更新生产/完工入库				
8	新建/在建/转产/变卖—生产线				
9	紧急采购原料(随时进行)				
10	开始下一批生产				
11	更新应收款/应收款收现				
12	按订单交货				
13	产品研发投资				
14	厂房—出售(买转租)/退租/租转买				
15	新市场开拓/ISO资格投资				
16	支付管理费/更新厂房租金				
17	出售库存				
18	厂房贴现				
19	应收款贴现				
20	季末入库合计				
21	季末出库合计				
22	季末数额对账[1项＋20项＋21项]				

订单登记表

项目								合计
市场								
产品名称								
账期								
交货期								
单价								
订单数量								
订单销售额								
成本								
毛利								

综合管理费用明细表（百万）

项目	金额
行政管理费	
广告费	
设备维护费	
设备改造费	
租金	
产品研发	
市场开拓	
市场开拓	
其他/损失	
合计	

损益表　　　　　　　单位:百万

项目	去年	今年
一、销售收入		
减:成本		
二、毛利		
减:综合费用		
折旧		
财务净损益		
三、营业利润		
加:营业外净收益		
四、利润总额		
减:所得税		
五、净利润		

资产负债表　　　　　　　单位:百万

资产	年初数	期末数	负债及所有者权益	年初数	期末数
流动资产：			负债：		
现金			短期负债		
应收账款			应付账款		
原材料			应交税金		
产成品			长期负债		
在制品					
流动资产合计			负债合计		
固定资产：			所有者权益：		
土地建筑原价			股东资本		
机器设备净值			以前年度利润		
在建工程			当年净利润		
固定资产合计			所有者权益合计		
资产总计			权益总计		

创业者电子沙盘模拟企业经营——第1年

这是你们自主当家创业的第一年,感觉如何?是不是一个有收益的年度?你们的战略执行得怎么样?将你的感想记录下来和你的团队分享。

学会什么,记录知识点:

企业经营遇到哪些问题:

下一年准备如何改进:

组别：_____　　　　　第 2 年经营

企业经营流程		每执行完一项操作，CEO 请在相应的方格内打勾。				
	手工操作流程	系统操作	手工记录			
年初	新年度规划会议					
	广告投放	输入广告费确认				
	参加订货会选订单/登记订单	选单				
	支付应付税（25%）	系统自动				
	支付长贷利息	系统自动				
	更新长期贷款/长期贷款还款	系统自动				
	申请长期贷款	输入贷款数额并确认				
			1季	2季	3季	4季
1	季初盘点（请填余额）	产品下线，生产线完工（自动）				
2	更新短期贷款/短期贷款还本付息	系统自动				
3	申请短期贷款	输入贷款数额并确认				
4	原材料入库/更新原料订单	需要确认金额				
5	下原料订单	输入并确认				
6	购买/租用—厂房	选择并确认，自动扣现金				
7	更新生产/完工入库	系统自动				
8	新建/在建/转产/变卖生产线	选择并确认				
9	紧急采购（随时进行）	随时进行输入并确认				
10	开始下一批生产	选择并确认				
11	更新应收款/应收款收现	需要输入到期金额				
12	按订单交货	选则交货订单确认				
13	产品研发投资	选择并确认				
14	厂房—出售（买转租）/退租/租转买	选择确认，自动转应收款				
15	新市场开拓/ISO 资格投资	仅第四季允许操作				
16	支付管理费/更新厂房租金	系统自动				
17	出售库存	输入并确认（随时进行）				
18	厂房贴现	随时进行				
19	应收款贴现	输入并确认（随时进行）				
20	季末收入合计					
21	季末支出合计					
22	季末数额对账[(1)+(20)−(21)]					
年末	缴纳违约订单罚款（25%）	系统自动				
	支付设备维护费	系统自动				
	计提折旧	系统自动			( )	
	新市场/ISO 资格换证	系统自动				
	结账					

附录:企业经营过程记录表 计划·分析

用户　　　　　　　第 2 年经营

操作顺序	请按顺序执行下列各项操作。各总监在方格中填写原材料采购/在制品/产品出库及入库情况。其中:入库数量为"＋",出库数量为"－"。季末入库合计为"＋"数据相加,季末出库合计为"－"数据相加。												
	原材料/在制品/产品库存台账	一季度			二季度			三季度			四季度		
1	季初盘点(请填数量)												
2	更新短期贷款/短期贷款还本付息												
3	申请短期贷款												
4	原材料入库/更新原料订单												
5	下原料订单												
6	购买/租用—厂房												
7	更新生产/完工入库												
8	新建/在建/转产/变卖—生产线												
9	紧急采购原料(随时进行)												
10	开始下一批生产												
11	更新应收款/应收款收现												
12	按订单交货												
13	产品研发投资												
14	厂房—出售(买转租)/退租/租转买												
15	新市场开拓/ISO 资格投资												
16	支付管理费/更新厂房租金												
17	出售库存												
18	厂房贴现												
19	应收款贴现												
20	季末入库合计												
21	季末出库合计												
22	季末数额对账[1 项＋20 项＋21 项]												

订单登记表

项目							合计
市场							
产品名称							
账期							
交货期							
单价							
订单数量							
订单销售额							
成本							
毛利							

综合管理费用明细表(百万)

项目	金额
行政管理费	
广告费	
设备维护费	
设备改造费	
租金	
产品研发	
市场开拓	
市场开拓	
其他/损失	
合计	

损益表　　　　单位：百万

项目	去年	今年
一、销售收入		
减：成本		
二、毛利		
减：综合费用		
折旧		
财务净损益		
三、营业利润		
加：营业外净收益		
四、利润总额		
减：所得税		
五、净利润		

资产负债表　　　　单位：百万

资产	年初数	期末数	负债及所有者权益	年初数	期末数
流动资产：			负债：		
现金			短期负债		
应收账款			应付账款		
原材料			应交税金		
产成品			长期负债		
在制品					
流动资产合计			负债合计		
固定资产：			所有者权益：		
土地建筑原价			股东资本		
机器设备净值			以前年度利润		
在建工程			当年净利润		
固定资产合计			所有者权益合计		
资产总计			权益总计		

创业者电子沙盘模拟企业经营——第2年

现在是第二年了,你肯定获得了很多不同于第一年的感受,渐渐从感性走向理性。将你的感想记录下来和你的团队分享。

学会什么,记录知识点:

企业经营遇到哪些问题:

下一年准备如何改进:

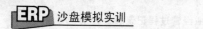

组别：_____　　　　第 3 年经营

企业经营流程		每执行完一项操作，CEO 请在相应的方格内打勾。				
	手工操作流程	系统操作	手工记录			
年初	新年度规划会议					
	广告投放	输入广告费确认				
	参加订货会选订单/登记订单	选单				
	支付应付税（25%）	系统自动				
	支付长贷利息	系统自动				
	更新长期贷款/长期贷款还款	系统自动				
	申请长期贷款	输入贷款数额并确认				
			1季	2季	3季	4季
1	季初盘点（请填余额）	产品下线，生产线完工（自动）				
2	更新短期贷款/短期贷款还本付息	系统自动				
3	申请短期贷款	输入贷款数额并确认				
4	原材料入库/更新原料订单	需要确认金额				
5	下原料订单	输入并确认				
6	购买/租用—厂房	选择并确认，自动扣现金				
7	更新生产/完工入库	系统自动				
8	新建/在建/转产/变卖生产线	选择并确认				
9	紧急采购（随时进行）	随时进行输入并确认				
10	开始下一批生产	选择并确认				
11	更新应收款/应收款收现	需要输入到期金额				
12	按订单交货	选则交货订单确认				
13	产品研发投资	选择并确认				
14	厂房—出售（买转租）/退租/租转买	选择确认，自动转应收款				
15	新市场开拓/ISO 资格投资	仅第四季允许操作				
16	支付管理费/更新厂房租金	系统自动				
17	出售库存	输入并确认（随时进行）				
18	厂房贴现	随时进行				
19	应收款贴现	输入并确认（随时进行）				
20	季末收入合计					
21	季末支出合计					
22	季末数额对账[(1)+(20)−(21)]					
年末	缴纳违约订单罚款（25%）	系统自动				
	支付设备维护费	系统自动				
	计提折旧	系统自动				（　）
	新市场/ISO 资格换证	系统自动				
	结账					

附录:企业经营过程记录表 计划·分析

用户　　　　　　　　　第 3 年经营

操作顺序	请按顺序执行下列各项操作。各总监在方格中填写原材料采购/在制品/产品出库及入库情况。其中:入库数量为"＋",出库数量为"－"。季末入库合计为"＋"数据相加,季末出库合计为"－"数据相加。								
	原材料/在制品/产品库存台账	一季度		二季度		三季度		四季度	
1	季初盘点(请填数量)								
2	更新短期贷款/短期贷款还本付息								
3	申请短期贷款								
4	原材料入库/更新原料订单								
5	下原料订单								
6	购买/租用—厂房								
7	更新生产/完工入库								
8	新建/在建/转产/变卖—生产线								
9	紧急采购原料(随时进行)								
10	开始下一批生产								
11	更新应收款/应收款收现								
12	按订单交货								
13	产品研发投资								
14	厂房—出售(买转租)/退租/租转买								
15	新市场开拓/ISO 资格投资								
16	支付管理费/更新厂房租金								
17	出售库存								
18	厂房贴现								
19	应收款贴现								
20	季末入库合计								
21	季末出库合计								
22	季末数额对账[1 项＋20 项＋21 项]								

订单登记表

项目							合计
市场							
产品名称							
账期							
交货期							
单价							
订单数量							
订单销售额							
成本							
毛利							

综合管理费用明细表(百万)

项目	金额
行政管理费	
广告费	
设备维护费	
设备改造费	
租金	
产品研发	
市场开拓	
市场开拓	
其他/损失	
合计	

损益表　　　　单位:百万

项目	去年	今年
一、销售收入		
减:成本		
二、毛利		
减:综合费用		
折旧		
财务净损益		
三、营业利润		
加:营业外净收益		
四、利润总额		
减:所得税		
五、净利润		

资产负债表　　　　单位:百万

资产	年初数	期末数	负债及所有者权益	年初数	期末数
流动资产:			负债:		
现金			短期负债		
应收账款			应付账款		
原材料			应交税金		
产成品			长期负债		
在制品					
流动资产合计			负债合计		
固定资产:			所有者权益:		
土地建筑原价			股东资本		
机器设备净值			以前年度利润		
在建工程			当年净利润		
固定资产合计			所有者权益合计		
资产总计			权益总计		

创业者电子沙盘模拟企业经营——第3年

三年的时间是一个很长的时间跨度,回过头审视你们的战略是否成功,对产品和市场做一次精确的分析有助于发现你们的利润在哪里。

学会什么,记录知识点:

企业经营遇到哪些问题:

面向未来的三年,你准备如何扬长避短,超越竞争对手:

组别：_____   第 4 年经营

企业经营流程		每执行完一项操作，CEO 请在相应的方格内打勾。				
	手工操作流程	系统操作	手工记录			
年初	新年度规划会议					
	广告投放	输入广告费确认				
	参加订货会选订单/登记订单	选单				
	支付应付税（25%）	系统自动				
	支付长贷利息	系统自动				
	更新长期贷款/长期贷款还款	系统自动				
	申请长期贷款	输入贷款数额并确认				
			1季	2季	3季	4季
1	季初盘点（请填余额）	产品下线，生产线完工（自动）				
2	更新短期贷款/短期贷款还本付息	系统自动				
3	申请短期贷款	输入贷款数额并确认				
4	原材料入库/更新原料订单	需要确认金额				
5	下原料订单	输入并确认				
6	购买/租用—厂房	选择并确认，自动扣现金				
7	更新生产/完工入库	系统自动				
8	新建/在建/转产/变卖生产线	选择并确认				
9	紧急采购（随时进行）	随时进行输入并确认				
10	开始下一批生产	选择并确认				
11	更新应收款/应收款收现	需要输入到期金额				
12	按订单交货	选则交货订单确认				
13	产品研发投资	选择并确认				
14	厂房—出售（买转租）/退租/租转买	选择确认，自动转应收款				
15	新市场开拓/ISO 资格投资	仅第四季允许操作				
16	支付管理费/更新厂房租金	系统自动				
17	出售库存	输入并确认（随时进行）				
18	厂房贴现	随时进行				
19	应收款贴现	输入并确认（随时进行）				
20	季末收入合计					
21	季末支出合计					
22	季末数额对账[(1)+(20)-(21)]					
年末	缴纳违约订单罚款（25%）	系统自动				
	支付设备维护费	系统自动				
	计提折旧	系统自动				（ ）
	新市场/ISO 资格换证	系统自动				
	结账					

附录：企业经营过程记录表 计划·分析

用户　　　　　　　　第 4 年经营

操作顺序	请按顺序执行下列各项操作。各总监在方格中填写原材料采购/在制品/产品出库及入库情况。其中：入库数量为"＋"，出库数量为"－"。季末入库合计为"＋"数据相加，季末出库合计为"－"数据相加。																
	原材料/在制品/产品库存台账	一季度				二季度				三季度				四季度			
1	季初盘点（请填数量）																
2	更新短期贷款/短期贷款还本付息																
3	申请短期贷款																
4	原材料入库/更新原料订单																
5	下原料订单																
6	购买/租用—厂房																
7	更新生产/完工入库																
8	新建/在建/转产/变卖—生产线																
9	紧急采购原料（随时进行）																
10	开始下一批生产																
11	更新应收款/应收款收现																
12	按订单交货																
13	产品研发投资																
14	厂房—出售（买转租）/退租/租转买																
15	新市场开拓/ISO 资格投资																
16	支付管理费/更新厂房租金																
17	出售库存																
18	厂房贴现																
19	应收款贴现																
20	季末入库合计																
21	季末出库合计																
22	季末数额对账[1 项＋20 项＋21 项]																

订单登记表

项目						合计
市场						
产品名称						
账期						
交货期						
单价						
订单数量						
订单销售额						
成本						
毛利						

综合管理费用明细表（百万）

项目	金额
行政管理费	
广告费	
设备维护费	
设备改造费	
租金	
产品研发	
市场开拓	
市场开拓	
其他/损失	
合计	

损益表 单位：百万

项目	去年	今年
一、销售收入		
减：成本		
二、毛利		
减：综合费用		
折旧		
财务净损益		
三、营业利润		
加：营业外净收益		
四、利润总额		
减：所得税		
五、净利润		

资产负债表 单位：百万

资产	年初数	期末数	负债及所有者权益	年初数	期末数
流动资产：			负债：		
现金			短期负债		
应收账款			应付账款		
原材料			应交税金		
产成品			长期负债		
在制品					
流动资产合计			负债合计		
固定资产：			所有者权益：		
土地建筑原价			股东资本		
机器设备净值			以前年度利润		
在建工程			当年净利润		
固定资产合计			所有者权益合计		
资产总计			权益总计		

创业者电子沙盘模拟企业经营——第4年

又一个新的三年开始了,三年的管理经验已使你今非昔比。如何有效利用资源,扩大市场份额,提升利润是管理者必须关注的。

学会什么,记录知识点:

企业经营遇到哪些问题:

下一年准备如何改进:

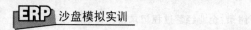

组别：_____　　　　　第 5 年经营

	企业经营流程	每执行完一项操作，CEO 请在相应的方格内打勾。				
	手工操作流程	系统操作	手工记录			
年初	新年度规划会议					
	广告投放	输入广告费确认				
	参加订货会选订单/登记订单	选单				
	支付应付税（25%）	系统自动				
	支付长贷利息	系统自动				
	更新长期贷款/长期贷款还款	系统自动				
	申请长期贷款	输入贷款数额并确认				
			1季	2季	3季	4季
1	季初盘点（请填余额）	产品下线，生产线完工（自动）				
2	更新短期贷款/短期贷款还本付息	系统自动				
3	申请短期贷款	输入贷款数额并确认				
4	原材料入库/更新原料订单	需要确认金额				
5	下原料订单	输入并确认				
6	购买/租用—厂房	选择并确认，自动扣现金				
7	更新生产/完工入库	系统自动				
8	新建/在建/转产/变卖生产线	选择并确认				
9	紧急采购（随时进行）	随时进行输入并确认				
10	开始下一批生产	选择并确认				
11	更新应收款/应收款收现	需要输入到期金额				
12	按订单交货	选则交货订单确认				
13	产品研发投资	选择并确认				
14	厂房—出售(买转租)/退租/租转买	选择确认，自动转应收款				
15	新市场开拓/ISO 资格投资	仅第四季允许操作				
16	支付管理费/更新厂房租金	系统自动				
17	出售库存	输入并确认（随时进行）				
18	厂房贴现	随时进行				
19	应收款贴现	输入并确认（随时进行）				
20	季末收入合计					
21	季末支出合计					
22	季末数额对账[(1)+(20)-(21)]					
年末	缴纳违约订单罚款(25%)	系统自动				
	支付设备维护费	系统自动				
	计提折旧	系统自动				（ ）
	新市场/ISO 资格换证	系统自动				
	结账					

附录：企业经营过程记录表 计划·分析

用户　　　　　　　　　第 5 年经营

操作顺序	请按顺序执行下列各项操作。各总监在方格中填写原材料采购/在制品/产品出库及入库情况。其中：入库数量为"＋"，出库数量为"－"。季末入库合计为"＋"数据相加，季末出库合计为"－"数据相加。																
	原材料/在制品/产品库存台账	一季度				二季度				三季度				四季度			
1	季初盘点（请填数量）																
2	更新短期贷款/短期贷款还本付息																
3	申请短期贷款																
4	原材料入库/更新原材料订单																
5	下原料订单																
6	购买/租用—厂房																
7	更新生产/完工入库																
8	新建/在建/转产/变卖—生产线																
9	紧急采购原料（随时进行）																
10	开始下一批生产																
11	更新应收款/应收款收现																
12	按订单交货																
13	产品研发投资																
14	厂房—出售（买转租）/退租/租转买																
15	新市场开拓/ISO 资格投资																
16	支付管理费/更新厂房租金																
17	出售库存																
18	厂房贴现																
19	应收款贴现																
20	季末入库合计																
21	季末出库合计																
22	季末数额对账[1项＋20项＋21项]																

订单登记表

项目								合计
市场								
产品名称								
账期								
交货期								
单价								
订单数量								
订单销售额								
成本								
毛利								

综合管理费用明细表（百万）

项目	金额
行政管理费	
广告费	
设备维护费	
设备改造费	
租金	
产品研发	
市场开拓	
市场开拓	
其他/损失	
合计	

损益表   单位：百万

项目	去年	今年
一、销售收入		
减：成本		
二、毛利		
减：综合费用		
折旧		
财务净损益		
三、营业利润		
加：营业外净收益		
四、利润总额		
减：所得税		
五、净利润		

资产负债表   单位：百万

资产	年初数	期末数	负债及所有者权益	年初数	期末数
流动资产：			负债：		
现金			短期负债		
应收账款			应付账款		
原材料			应交税金		
产成品			长期负债		
在制品					
流动资产合计			负债合计		
固定资产：			所有者权益：		
土地建筑原价			股东资本		
机器设备净值			以前年度利润		
在建工程			当年净利润		
固定资产合计			所有者权益合计		
资产总计			权益总计		

创业者电子沙盘模拟企业经营——第5年

管理是科学,管理更是艺术。你已经走过了五年,一定有很多深刻的体会,那就一吐为快吧。

学会什么,记录知识点:

企业经营遇到哪些问题:

下一年准备如何改进:

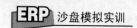

组别：_____   第 6 年经营

企业经营流程		每执行完一项操作，CEO 请在相应的方格内打勾。				
	手工操作流程	系统操作	手工记录			
年初	新年度规划会议					
	广告投放	输入广告费确认				
	参加订货会选订单/登记订单	选单				
	支付应付税（25%）	系统自动				
	支付长贷利息	系统自动				
	更新长期贷款/长期贷款还款	系统自动				
	申请长期贷款	输入贷款数额并确认				
			1 季	2 季	3 季	4 季
1	季初盘点（请填余额）	产品下线，生产线完工（自动）				
2	更新短期贷款/短期贷款还本付息	系统自动				
3	申请短期贷款	输入贷款数额并确认				
4	原材料入库/更新原料订单	需要确认金额				
5	下原料订单	输入并确认				
6	购买/租用—厂房	选择并确认，自动扣现金				
7	更新生产/完工入库	系统自动				
8	新建/在建/转产/变卖生产线	选择并确认				
9	紧急采购（随时进行）	随时进行输入并确认				
10	开始下一批生产	选择并确认				
11	更新应收款/应收款收现	需要输入到期金额				
12	按订单交货	选则交货订单确认				
13	产品研发投资	选择并确认				
14	厂房—出售（买转租）/退租/租转买	选择确认，自动转应收款				
15	新市场开拓/ISO 资格投资	仅第四季允许操作				
16	支付管理费/更新厂房租金	系统自动				
17	出售库存	输入并确认（随时进行）				
18	厂房贴现	随时进行				
19	应收款贴现	输入并确认（随时进行）				
20	季末收入合计					
21	季末支出合计					
22	季末数额对账[(1)+(20)－(21)]					
年末	缴纳违约订单罚款（25%）	系统自动				
	支付设备维护费	系统自动				
	计提折旧	系统自动				( )
	新市场/ISO 资格换证	系统自动				
	结账					

附录:企业经营过程记录表 计划·分析

用户　　　　　　　第 6 年经营

操作顺序	原材料/在制品/产品库存台账	一季度				二季度				三季度				四季度			
1	季初盘点(请填数量)																
2	更新短期贷款/短期贷款还本付息																
3	申请短期贷款																
4	原材料入库/更新原料订单																
5	下原料订单																
6	购买/租用—厂房																
7	更新生产/完工入库																
8	新建/在建/转产/变卖—生产线																
9	紧急采购原料(随时进行)																
10	开始下一批生产																
11	更新应收款/应收款收现																
12	按订单交货																
13	产品研发投资																
14	厂房—出售(买转租)/退租/租转买																
15	新市场开拓/ISO资格投资																
16	支付管理费/更新厂房租金																
17	出售库存																
18	厂房贴现																
19	应收款贴现																
20	季末入库合计																
21	季末出库合计																
22	季末数额对账[1项+20项+21项]																

请按顺序执行下列各项操作。各总监在方格中填写原材料采购/在制品/产品出库及入库情况。其中:入库数量为"＋",出库数量为"－"。季末入库合计为"＋"数据相加,季末出库合计为"－"数据相加。

订单登记表

项目								合计
市场								
产品名称								
账期								
交货期								
单价								
订单数量								
订单销售额								
成本								
毛利								

综合管理费用明细表(百万)

项目	金额
行政管理费	
广告费	
设备维护费	
设备改造费	
租金	
产品研发	
市场开拓	
市场开拓	
其他/损失	
合计	

损益表　　　　单位:百万

项目	去年	今年
一、销售收入		
减:成本		
二、毛利		
减:综合费用		
折旧		
财务净损益		
三、营业利润		
加:营业外净收益		
四、利润总额		
减:所得税		
五、净利润		

资产负债表　　　　单位:百万

资产	年初数	期末数	负债及所有者权益	年初数	期末数
流动资产:			负债:		
现金			短期负债		
应收账款			应付账款		
原材料			应交税金		
产成品			长期负债		
在制品					
流动资产合计			负债合计		
固定资产:			所有者权益:		
土地建筑原价			股东资本		
机器设备净值			以前年度利润		
在建工程			当年净利润		
固定资产合计			所有者权益合计		
资产总计			权益总计		

创业者电子沙盘模拟企业经营——第6年

实训结束了,是否有意犹未尽的感觉?结束也意味新的开始,好好回顾下,六个会计年的课程,你最主要的收获是什么?关于课程有哪些建议或希望?

请撰写创业者电子沙盘模拟企业经营实训报告。

创业者电子沙盘模拟企业经营实训报告

1. 实训时间:

2. 实训小组成员:

3. 实训目的:

4. 创业者电子沙盘模拟企业经营决策在公司发展中的必要性

5. 创业者电子沙盘模拟企业经营决策的总体思路

6. 创业者电子沙盘模拟企业经营决策的主要内容分析

7. 创业者电子沙盘模拟企业经营实训心得(收获及不足)

参考文献

[1] 王新玲,郑文昭,马雪文.ERP沙盘模拟实训高级指导教程[M].北京:清华大学出版社,2009

[2] 徐峰,孙伟力,王新玲.ERP沙盘模拟实训实验指导书[M].南京:南京大学出版社,2011

[3] 刘洪玉,刘丽.企业经营模拟原理及ERP沙盘实训教程[M].北京:清华大学出版社,2013

[4] 攀斌.Excel财务管理——基于ERP沙盘对抗[M].上海:立信会计出版社,2012

[5] 路晓辉,陈晓梅.沙盘模拟原理及量化剖析[M].北京:化学工业出版社,2010

[6] 陈冰.ERP沙盘实战(大学文科实践系列教材)[M].北京:经济科学出版社,2006